ADELE SPITZEDER

Der größte Bankenbetrug aller Zeiten

Julian Nebel

Bibliografische Information der Deutschen Nationalbibliothek:
Die Deutsche Nationalbibliothek verzeichnet diese Publikation in der Deutschen Nationalbib-
liografie. Detaillierte bibliografische Daten sind im Internet über http://dnb.d-nb.de abrufbar.

Für Fragen und Anregungen:
info@finanzbuchverlag.de

1. Auflage 2018

© 2018 by FinanzBuch Verlag,
ein Imprint der Münchner Verlagsgruppe GmbH
Nymphenburger Straße 86
D-80636 München
Tel.: 089 651285-0
Fax: 089 652096

Redaktion: Veit Ladstetter
Korrektorat: Hella Neukötter
Umschlaggestaltung: Laura Osswald
Umschlagabbildung: ullstein bild - Liszt Collection
Satz: inpunkt[w]o, Haiger (www.inpunktwo.de)
Druck: GGP Media GmbH, Pößneck
Printed in Germany

ISBN Print 978-3-95972-048-9
ISBN E-Book (PDF) 978-3-96092-072-4
ISBN E-Book (EPUB, Mobi) 978-3-96092-073-1

Weitere Informationen zum Verlag finden Sie unter

www.finanzbuchverlag.de

Beachten Sie auch unsere weiteren Verlage unter www.m-vg.de.

Inhalt

Vorwort

Mindestens 30.000 Menschen verloren ihr Geld, als im November 1872 die »Spitzeder'sche Privatbank« zusammenbrach. Der Kollaps dieser Bank war für die sogenannten »kleinen Leute« besonders tragisch. Arbeiter, Dienstboten und kleine Landwirte hatten ihr Geld bei Adele Spitzeder angelegt. Manche verloren nur wenig, aber eben alles, was sie hatten. Hinzu kam die Scham. Sie waren einer Betrügerin auf den Leim gegangen. Beim Zusammenbruch war klar: Die Spitzeder'sche Privatbank in der edlen Münchner Schönfeldstraße unweit des Englischen Gartens war nichts als ein groß angelegter Schwindel, mit dem den Menschen das Geld aus der Tasche gezogen worden war. Ein Betrug, der München, Bayern und das gesamte deutsche Kaiserreich erschütterte.

Adele Spitzeder betrieb nicht nur einfach betrügerische Bankgeschäfte ohne Ausbildung und Eigenkapital. Sie stand mit beeindruckender Selbstsicherheit und Überzeugung zu ihrer eigenen Inkompetenz, gleichzeitig bemühte sie sich mit großem Einfallsreichtum, ihr kriminelles Gewerbe durch Manipulation der Medien sowie durch Spenden an die Kirche, an Kriegsversehrte, Studenten und Bedürftige und durch Mauscheleien mit der Polizei abzusichern. Alles in allem war Adele Spitzeder ein Vorbild, eine Blaupause und ein Musterbeispiel für heutige Betrüger.

München, im Oktober 2017
Julian Nebel

Skandal im Königreich

Bayern und das Deutsche Kaiserreich

Für den Diebstahl braucht der Dieb nur ein wenig Geschick, will er nicht erwischt werden. Der Betrüger jedoch schleicht sich in das Vertrauen der Betrogenen. Das Opfer gibt von sich aus, im besten Glauben, überzeugt von der Geschichte, die ihm aufgetischt wird, und überwältigt von der Darstellung des Täters. Adele Spitzeder, ehemalige Schauspielerin, gut erzogen, volksnah, sprachgewandt, konnte das meisterhaft. Sie genoss das Vertrauen von Kleinhäuslern, Droschkenkutschern, Ledergerbern und Stubenmädchen, die in ihr die Chance sahen, doch etwas mehr aus dem Wenigen zu machen, was sie hatten. Betrug benötigt Charisma, Glaube und Hoffnung. Und die richtigen Umstände.

Zu diesen Umständen: Bayern war Königreich. Auf dem Thron saß seit 1864 Ludwig II., Märchenkönig, Wagner-Fan, bausüchtig, menschenscheu, einsam. Als Ludwig II. König wurde, war er gerade 18 Jahre alt, sein Vater Max II. war nach kurzer schwerer Krankheit gestorben. »Ludwig, von Gottes Gnaden König von Bayern, Pfalzgraf bey Rhein, Herzog von Bayern, Franken und in Schwaben« lautete sein Titel, womit auch die Herrschaftsgebiete abgesteckt waren. Ludwig hatte keine rechte Freude an der Regierungsarbeit, Freude hatte er aber daran, Richard Wagner zu fördern, dem er schon bald nach seinem

Regierungsantritt größere Summen Geldes zukommen ließ. Er finanzierte damit den Ring des Nibelungen, und das Münchner Nationaltheater feierte Ende der 1860er-Jahre mehrere Uraufführungen von Wagneropern. Von Wagners Kunst hielt Ludwig viel, von dessen Antisemitismus nichts. Im Jahr 1868 erhielten die Juden in Bayern die volle rechtliche Gleichstellung. Richard Wagner hatte München zuvor schon auf öffentlichen Druck verlassen müssen, an dem die Presse maßgeblich beteiligt war, und bekam später in Bayreuth ein Festspielhaus. Die politische Lage in Bayern war komplex, aber doch überschaubar. Der König versuchte, seine Souveränität dem Parlament gegenüber auszubauen und besetzte die Regierungen mit Ministern, die möglichst nicht der Mehrheitslinie im Parlament entsprachen. Eine Verlobung mit Herzogin Sophie Charlotte in Bayern endete mit Trennung statt Trauung, und er reiste nach Frankreich, dessen antipreußische Haltung und absolutistische Vergangenheit ihm sympathisch waren.

So hätte es für das kleine Königreich Bayern eine ruhige Zeit sein können, wenn die Weltlage nicht eine andere gewesen wäre. Denn in Preußen regierten König Wilhelm I. von Preußen und noch viel mehr dessen Ministerpräsident Otto von Bismarck. Bismarck sah die Möglichkeit, die in zahlreiche Kleinstaaten zersplitterten deutschen Lande zu einem Deutschen Reich zu vereinen. Und damit dies unter preußischer Führung geschehen konnte, musste Österreich hinausgedrängt werden und die sogenannte kleindeutsche Lösung her.[1] Der Konflikt zwischen Preußen und Österreich schwelte, und Bayern, das so ein bisschen dazwischenlag, aber eher mit Österreich sympathisierte, sollte nach König Ludwigs Willen aus einem potenziellen Krieg möglichst herausgehalten werden. Jedoch war Bayern gegenüber Österreich bündnisverpflichtet, und Österreich hatte nicht die Absicht, Bayern aus den Verpflichtungen zu entlassen. Und so zog Bayern im Jahre 1866 auf der Seite Österreichs gegen Preußen in den Krieg.[2]

Der Krieg war schnell entschieden. Preußen siegte. Die Ursachen waren vielfältig, entscheidend war aber bestimmt, dass die preußische Armee besser ausgestattet und in einer besseren Verfassung war als die Truppen Österreichs. Österreich hatte noch Vorderlader-Gewehre. Nach jedem Schuss erhoben sich also die am Boden liegenden Schützen, um nachzuladen, und konnten so von den preußischen Soldaten wie Schießbudenfiguren abgeschossen werden. Das Nachladen preußischer Gewehre war bequem im Liegen möglich. Preußen hatte nämlich bereits Hinterlader entwickelt. Die Schlacht bei Königgrätz im österreichischen Böhmen am 3. Juli 1866 brachte die Entscheidung. Das Königreich Bayern selbst hatte wenige Kriegshandlungen zu erdulden, und wenn, dann schwerpunktmäßig in Franken. Dem Zugehörigkeitsgefühl der Franken zu Bayern hat das übrigens nicht genützt.

Preußen verhielt sich Bayern gegenüber nach dem Krieg sehr milde. Bismarck wusste, dass gedemütigte Gegner nicht zu loyalen Verbündeten werden. Die Gebietsabtretungen waren überschaubar. Das Bezirksamt Gersfeld wurde an Preußen abgetreten und gehört heute zum Landkreis Fulda. Der Landgerichtsbezirk Orb wurde ebenfalls Preußen zugeschlagen und befindet sich heute im hessischen Main-Kinzig-Kreis. Bayern musste 30 Millionen Gulden an Preußen zahlen[3] und wurde vertraglich von der österreichischen auf die preußische Seite gezogen. 1866 wurde zwischen den Kriegsparteien ein Schutz- und Trutzbündnis geschlossen. 1870 marschierte dann Bayern im Deutsch-Französischen Krieg an der Seite Preußens in Frankreich ein, wo im Jahr 1871 das Deutsche Kaiserreich ausgerufen wurde. Der preußische König Wilhelm wurde zu Kaiser

Wilhelm I., Otto von Bismarck zum Reichskanzler, und Bayern verlor seine Unabhängigkeit. Und Ludwig II. verlor seine Lust aufs Regieren. An der Kaiserproklamation im Schloss von Versailles beteiligte er sich nicht. Dieser gesamte Deutsch-Französische Krieg ging ihm gegen den Strich, Bayern und Frankreich hatten traditionell ein gutes Verhältnis, immerhin hatte Napoleon Bayern überhaupt erst zum Königreich gemacht. Ab Mitte der 1870er-Jahre zog sich Ludwig zunehmend aus der Öffentlichkeit zurück, 1886 fand er entmündigt und geheimnisumwittert sein Ende im Starnberger See. Die Mordgerüchte verstummen bis heute nicht.

München

München war in der zweiten Hälfte des 19. Jahrhunderts Residenzstadt, Hauptstadt des Königreichs Bayern und schwankte dabei zwischen weltstädtisch und provinziell. Die goldene Zeit, in der München leuchtete, hatte die Stadt aber erst noch vor sich. Sie war über ihre alten Mauern schon lange hinausgewachsen und mittlerweile eine Kunst- und Wissenschaftsstadt von europäischem Rang, seit Ludwig I. die Pinakotheken und die Antikenmuseen am Königsplatz bauen ließ. Die mittelalterliche Stadtbefestigung wurde abgetragen und damals vor der Stadt liegende Ortschaften wurden eingemeindet. Prachtstraßen führten aus München hinaus, die Ludwigstraße nach Norden, nach Schwabing, die Maximilianstraße nach Osten über die Isar. Rechts der Isar, in der Au, die immer wieder von Hochwassern überflutet wurde, standen ärmliche Hütten. 1854 brach die Cholera aus. Es entstanden Gründerzeitquartiere, die Maxvorstadt, die Ludwigsvorstadt, wo bereits, nach Plänen Max von Pettenkofers, eine Kanalisation eingebaut wurde. München wurde nach und nach von einem stinkenden Moloch in eine Stadt der schönen Fassaden und Bürgersteige verwandelt. Die Universität bezog ihre Räume, und 1868 wurde die Polytechnische Hochschule, jetzt Technische Universität München, gegründet. Handel und Wissenschaft, Bürgertum, Akademiker, Arbeiter, Angestellte und Beamte lebten in der um sich greifenden Stadt. Außerdem der König und das Militär.

Geld und Arbeit

Mit der Reichsgründung kamen die Währungseinigung und die Mark[4], die ab 1871 nach und nach in allen Teilen des Deutschen Kaiserreichs eingeführt wurde und spätestens 1876 den bayerischen Gulden ablösen sollte. Der Gulden kam ursprünglich aus Florenz, wurde daher auch als Florentiner Gulden oder schlicht als Florentiner[5] bezeichnet. Süddeutschland, also insbesondere Österreich, Württemberg, Baden und Bayern waren »Guldenländer«. In norddeutschen Ländern wurde eher mit Talern gezahlt. Als Abkürzung für Gulden diente, getreu der florentinischen Herkunft, »fl.«, 60 Kreuzer ergaben einen Gulden. Ausgegeben wurden auch halbe Gulden und Doppelgulden.

Die Wirtschaft nahm Fahrt auf und ging neue Wege. Erste Industrialisierungsschübe gab es bereits in den frühen Jahren des 19. Jahrhunderts. 1835 fuhr die erste deutsche Eisenbahn zwischen Nürnberg und Fürth. Die Strecke von München nach Augsburg folgte schnell, maßgeblich vorangetrieben von Joseph Anton von Maffei, der in der Münchner Hirschau am Englischen Garten ein Eisenwerk errichtete, das bald eine Lokomotivfabrik von Weltrang wurde. 1841 wurde die erste Dampflok ausgeliefert, die dann sofort nach Augsburg fuhr. Die Entwicklung ging rapide voran. Andernorts dominierte die Textilindustrie: Hof, Kulmbach, Augsburg. Im Jahr 1848 gründete König Max II., der Vater Ludwigs II., einen Vorläufer des Wirtschaftsministeriums. Die Thronbesteigung Ludwigs gab einen neuen Schub, er liberalisierte die Wirtschaft. Banken und Börsen ermöglichten eine Kreditwirtschaft und damit die Gründung von Unternehmen und Handelsgesellschaften. In der zu Bayern gehörenden Pfalz wird 1865 die BASF gegründet, allein in Bayern gibt es bis 1870 über 100 neue Aktiengesellschaften. Fabriken brauchen Arbeiter, und dieser neue vierte Stand fand seine Unterkunft in Mietskasernen und Armenhäusern. Sie lebten nicht mehr von der Erde, sondern von ihrer Hände Arbeit. Und sie lebten oft erbärmlich. Zeitgleich entstanden erste Arbeitervereine, Vorläufer der Gewerkschaften. Immer noch aber war der Großteil des Landes landwirtschaftlich geprägt. Doch die Moderne breitete sich unaufhaltsam aus. München wurde 1852 Großstadt. 1867 hatte es ca. 145.000 Einwohner (ohne Militär) und 10.572 Gebäude. Von den Münchnern waren 131.000 Katholiken, 12.000 Protestanten und 2.000 Juden.[6] Nur 16 Jahre später (1883) hatte sich die Einwohnerzahl auf eine viertel Million fast verdoppelt. Im neugegründeten (Klein-)Deutschen Reich waren nur Berlin, Hamburg und Breslau größer.

Es war eine Zeit der Umbrüche. Eine neue Währung war in Planung, Bayern hatte seine Selbstständigkeit und Ludwig II. den Willen zum Regieren verloren, und München schwankte zwischen bürgerlicher Lethargie und Aufbruch. In dieser Zeit brachten zwei zusammenhängende Ereignisse die Volksseele zum Kochen: die Verhaftung der Adele Spitzeder und die Schließung ihrer Bank.

Adele Spitzeder. Nach einer Photographie.

Adele Spitzeder, 1871

Verhaftung

Am 12. November 1872 um 15:45 Uhr, es nieselte, der Himmel war grau und die Kälte kroch durch Kleidung und Schuhe, marschierte uniformierte Polizei in die Schönfeldstraße in München, gemeinsam mit einer siebenköpfigen Gerichtskommission. Im Gepäck hatte sie den Beschluss der Eröffnung des Insolvenzverfahrens – so die heutige Bezeichnung. Damals war im süddeutschen, österreichischen und schweizerischen Raum der Begriff »Gant« für Konkurs (Insolvenz) gebräuchlich. Und einen solchen Gantantrag hatte der Rechtsanwalt Berghofer beim königlich-bayerischen Bezirksgericht gestellt. Die Polizei hatte lange auf diesen Einsatz hingearbeitet, endlich war es so weit. Alles war gut vorbereitet, der Vorwurf ungeheuerlich. Gigantischer Betrug zulasten mehrerer Zehntausend Menschen. Die Polizei stürmte das Gebäude, besetzte die Räumlichkeiten der Bank, es folgte das Obergeschoss, die Privatzimmer der Adele Spitzeder, wo sie im Salon saß. Die Gerichtskommission eröffnete ihr den Gantbeschluss, alle Räume waren besetzt. Die Angestellten festgenommen. Das sogenannte Zahlungszimmer, in dem in den sechs Stunden zuvor hektisch Geld an panische Kunden, die das nahende Ende der Bank ahnten oder davon wussten, ausgezahlt wurde, war geräumt, um zu verhindern, dass weitere Gulden das Haus verließen. Hier haben sich ergreifende Szenen abgespielt. Berichtet wird beispielsweise von einer alten Frau, die noch verzweifelt versuchte, ihre gesamte Habe von 50 Gulden abzuheben, was ihr verwehrt wurde. Das gesamte vorgefundene Geld wurde beschlagnahmt, Spitzeder verhört. Ihre Empörung, ihre Überraschung und ihre Unschuld, die sie meisterhaft zur Schau stellte, halfen nicht.

Unklar ist, ob sie tatsächlich überrascht war von dem Gewitter, das über sie hereinbrach. Die Zeichen vom Ende der Bank hatten sich in der letzten Zeit gemehrt. Wie dunkle Wolken waren im gesamten Jahr 1872 Andeutungen, Geflüster und Warnungen durch die Gassen Münchens gezogen. Das Innenministerium und die Polizei hatten sogar öffentlich vor dem Geldhaus Spitzeder gewarnt. Aber Adele Spitzeder hatte schon mehrere Stürme überstanden. Und sie hatte treue Kunden. Mag sein, dass sie sich in Sicherheit gewogen und für mächtig genug gehalten hatte, dass niemand ihr hätte gefährlich werden können. Die dunklen Wolken hatten sich schon am frühen Morgen des 12. November 1872, bevor die Gerichtskommission auftauchte, in ein dumpfes Grollen verwandelt und die Nachricht vom nahen Ende der Spitzeder'schen Privatbank hatte sich schon früh am Tage verbreitet. Denn schon um »1/2 4 Uhr drängte sich die um ihr Geld besorgt gemachte Menge in mein Haus, um ihre Wechsel einzukassieren.«[7] Wenn viele Menschen gleichzeitig ihr Geld abheben wollen, bricht bei jedem Bankmanager die Panik aus, vor allem, wenn gar nicht so viel Geld vorhanden ist, wie herausverlangt wird. Denn wenn nichts mehr da ist, müssen Menschen abgewiesen werden. Dann ist auch klar, dass die Spitzeder'sche Privatbank gar nicht so solvent ist, wie sie vorgibt. Und dann verlieren die Menschen ihr Vertrauen, das Vertrauen, von dem die Bank lebt. Dann hat die Bank ein Ende. Diese Gedanken kreisen am Vormittag des 12. November 1872 durch ihren Kopf. Aber die Hoffnung bleibt: Vielleicht reicht es. Adele Spitzeder hatte schon ein paar Anstürme auf ihre Bank überlebt, ein paar Mal war sie knapp davon gekommen, konnte immer, gerade noch so, alle, die abheben wollten, bedienen. Das Vertrauen hatte sie immer wiederherstellen können. Warum nicht auch diesmal. Sie brauchte nur ein wenig Glück und sie musste eben schweren Herzens die Geldvorräte aus ihrem Schlafzimmer zur Verfügung stellen, wenn es notwendig wäre. Hauptsache, niemand konnte sagen, dass die Spitzeder'sche Privatbank zahlungsunfähig sei. Also zahlte sie aus. Zählte, ob es reichen könnte. Es konnte alles gut gehen. Es hätte alles gut gehen können. Aber es kam anders, es kam die Gerichtskommission.

Eine künstliche Panik, empörte sich Adele Spitzeder, die armen Leute seien eine »um ihr Geld besorgt gemachte Menge«. Die Wortwahl ist nicht zufällig, in ihren Augen war es eine von ihren zahlreichen Feinden bewusst hervorgerufene Panik, die ihr Unternehmen stürzen sollte. Sie stemmte sich dem entgegen. Tat alles, um ihre Kunden zu befriedigen und den Eindruck der Zahlungsunfähigkeit zu zerstreuen. Seit 7 Uhr wurden durch die vorzeitig herbeigerufenen Zahlmeister zunächst 80.000 Silbergulden ausgezahlt, am Nachmittag summierten sich die Abflüsse dann schon auf 180.000 Silbergulden, die nach und nach aus Adele Spitzeders Privatzimmern im Obergeschoss ins Zahlungszimmer heruntergebracht wurden. Der Menschenauflauf vor dem Bank- und Wohnhaus war gewaltig. Irgendwann waren nicht mehr nur die um ihr Geld fürchtenden Anleger da, sondern auch Schaulustige und Gaffer, auch einige Solidarische verstopften die Straße, als die Polizei schließlich nachmittags anrückte und die Räume besetzte. Adele Spitzeder selbst spricht von einer »kolossalen Menge Menschen«, die in ihre Wohnung gestürzt sei, »schrien und weinten, indem sie erklärten, sie wollten mich schützen«[8]. Das Chaos muss tatsächlich groß gewesen sein. Jedenfalls aber trafen Adele Spitzeder und die Gerichtskommission[9] dann in ihrem Salon aufeinander. Damals wie heute sind Schuldner gezwungen, den Offenbarungseid[10] zu leisten, das heißt, eine Übersicht über das Vermögen zu ermöglichen, anderenfalls droht Haft.

Die Gerichtskommission stand ihr also gegenüber, in ihren eigenen Räumen, und verkündete die sofortige Schließung der Bank wegen Betrugsverdachts und Überschuldung. Sie könne sich zu den Vorwürfen äußern, müsse aber jedenfalls genau darlegen, wie viel Geld und welches andere Vermögen sie besitze. Dieses Vermögen sei nun Teil der Gantmasse und werde benötigt, um die Bank abzuwickeln und alle Gläubiger auszahlen zu können. Adeles Stubenmädchen Anna Jordan flüsterte ihr zu, sie solle sich ohnmächtig stellen, dann gehe der Spuk schnell vorüber und die Gerichtskommission könne sehen, wie absurd die Vorwürfe und Pläne seien. Adele mag kurz darüber nachgedacht haben, aber sie tat es dann doch nicht. Wie es treue Bürgerpflicht ist, kooperiert sie. Die Bücher wurden ins Schlafzimmer gebracht, denn dort befand sich auch die »Kasse«, das heißt die Bargeldbestände Adele Spitzeders. Und der als Bank- und Buchspezialist hinzugezogene Reuschle traute wohl seinen Augen nicht richtig, denn diese Bücher waren sicherlich alles, aber keine Buchführung einer Bank. Kurz gefasst: Es gab drei Bücher mit handschriftlichen Notizen. Im ersten wurden die Einlagen aufgezeichnet, das heißt Name des Einzahlers und Menge des eingelegten Geldes, in einem zweiten Buch wurden Auszahlungen an die Kunden quittiert und ein drittes Buch enthielt gar nur Namen der Kunden. Die Frage Reuschles, ob denn ein Kassenbuch existiere oder wenigstens irgendeine Aufzeichnung über Soll und Haben, musste Spitzeder verneinen. Ein solches konnte auch gar nicht existieren, denn »ich erklärte ferner, daß ich Handelsbücher nicht zu führen verstände, weil ich keine kaufmännischen Kenntnisse besäße und auch kein kaufmännisches Geschäft geführt hätte«[11]. Gerichtsrat Scharrer nahm also dann die

mündliche Vermögensaufstellung entgegen: »1 Million Gulden in Staatspapieren, Juwelen im Wert von 60.000 Gulden,
80.000 Silbergulden und eine Masse von wenig belasteten
Häusern«[12]. Im Zahlraum wurden dazu noch ca. 50.000 Gulden sichergestellt, die noch nicht ausbezahlt worden waren.
In verschiedenen Schränken, in Kommoden, hinter Dielen,
überall zog die Gerichtskommission Münzsäcke heraus. Säcke
mit Marientalern, Gold, Gulden, Schmuck. Alles nicht erfasst,
in keinen Büchern. Die Frage der Gerichtskommission nach
den Verpflichtungen ihren Gläubigern gegenüber war wenig
ergiebig. »Ich erwiderte, daß ich dieselben momentan nicht
angeben könne, weil ich, wie schon oft gesagt, keine Handelsbücher führe.« Und Spitzeders Vorschlag, ihr drei Tage Zeit zu
lassen, »damit ich durch einen Aufruf meine Gläubiger ver-
sammle, sämtliche Wechsel mir vorzeigen zu lassen, um daraus meinen Schuldenstand festzustellen«[13], wurde natürlich
abschlägig beschieden. Die wartende Menge tobte umsonst.
Die Staatsmacht war stärker. Um 8 Uhr abends wurde ihr der
Haftbefehl verkündet. Sie sank auf ihr Bett nieder, unfähig,
sich zu bewegen. Der herbeigerufene Gerichtsarzt verordnete
ihr eine Pause und gestattete ihr, vorerst liegenzubleiben. Die
Bank und die Schönfeldstraße wurden geräumt, womit alle
Hoffnungen, eingezahltes Geld wiederzubekommen, zunichte
gemacht wurden. Und Adele Spitzeder wurde vor den Augen
der Menschen, die ihr alles anvertraut hatten, was sie besaßen,
schließlich um Mitternacht abgeführt.

Für die Münchner brach eine vermeintlich heile Welt zusammen. Die Wohltäterin Münchens, die Vertraute der kleinen
Leute, die fütternde Hand der Armen, eine kleine Frau in bie-
derer schwarzer Kleidung, 40 Jahre alt, wanderte ins Schuldgefängnis in der Baaderstraße. München war erschüttert. Die
Presse überschlug sich. Eine zeitgenössische Broschüre fasst

zusammen: »Die *Dachauer Bank* war ein so plumper, hand-
greiflicher Betrug, daß die Durchführung während zwei Jahren
in der Hauptstadt des zweitgrößten deutschen Staates zu den
merkwürdigsten Erscheinungen gehört, welche die Kulturgeschichte alter und neuer Zeit auszuweisen hat. Dieser Betrug
nahm in Bezug auf die erschwindelten Summen so kolossale
Dimensionen an, daß die Frage entsteht: Wie war es möglich,
ganze Städte und Distrikte, ganze Gegenden, das halbe Land
und noch einen Teil des Auslandes so gründlich und ausgiebig,
so millionenmäßig hereinzulegen?«[14] Ja, die Frage ist berech-
tigt. Wie konnte es so weit kommen!?

Die Schauspielerin

Zum Anfang. Adele Spitzeder wurde 1832 in Berlin geboren, Tochter von Josef Spitzeder und Betty, geborene Vio, beide Schauspieler und Sänger. Ihre Mutter Betty Vio, 1808 in Lübeck geboren, war Tochter des Italieners Francesco Vio und der Französin Elise Dupont. Betty Vio stand schon früh auf der Bühne. 1818 kam sie nach Wien und wurde von Antonio Salieri, Zeitgenosse und Kollege Mozarts, ausgebildet. 1830 ging sie nach Berlin, wo sie am Königsstädtischen Theater Josef Spitzeder kennenlernte, den sie 1831 in der Hedwigskirche heiratete. Seit 1823 war Josef am Königsstädtischen Theater am Berliner Alexanderplatz engagiert. Aus erster Ehe mit der Sängerin Henriette Spitzeder-Schüler hatte Josef zehn Kinder. Henriette war bereits 1828, bei der Geburt des letzten Kindes, gestorben, und der Vater zog die Kinder alleine auf. Sechs der zehn Kinder brachte er in die Ehe mit Betty ein, die anderen waren bereits verstorben. Und am 9. Februar 1832, kam Adelheid, genannt Adele, zur Welt.

München

1833 zog die Familie Spitzeder von Berlin nach München. Josef Spitzeder hatte ein festes Engagement am Münchner Hoftheater erhalten, und auch Betty konnte dort auftreten. Die wirtschaftliche Zukunft der Spitzeders schien gesichert. Jedoch schon nach sehr kurzer Zeit verstarb Josef, plötzlich und überraschend. Übrig blieben Betty, die Witwe, Adele, die

Tochter, und die sechs Halbgeschwister. Das Schicksal der gerade nach München gekommenen Künstlerfamilie, die den
Vater so plötzlich verloren hatte, rührte auch das bayerische
Königshaus. König Ludwig I., Großvater von Ludwig II., sorgte und zahlte für die Erziehung der drei Buben. Zwei durften
auf die Militärschule, einer ans Kunstseminar. Die drei Halbschwestern trafen es im Leben nur teilweise gut. Auf Josefine
fiel von einer Baustelle in der Ludwigstraße ein Brett. Sie trug
Beinbrüche und einen verkrümmten Rücken davon. Karoline
wurde ebenfalls Schauspielerin und ging an das Hoftheater in
Neustrelitz. Henriette verlobte und verheiratete sich bald und
zog mit ihrem Mann und ihrer behinderten Schwester Josefine
1848 nach New York. Im Land der unbegrenzten Möglichkeiten fand auch Josefine einen Ehepartner.

Georg wurde nach der Militärakademie am Münchner Stadt-
gericht als Gerichtsschreiber tätig. Gustav ging in die öffentliche Verwaltung nach Augsburg. Er starb schon mit 26 Jahren.
Wilhelm wurde Graveur und hatte ein langes Leben.

Wien

Die Jahre nach Josefs Tod waren unruhig für Mutter Betty und
Tochter Adele. Die Halbgeschwister waren auf königliches
Geheiß versorgt, aber Betty suchte nach einem Broterwerb,
was sie immer wieder in Begleitung von Adele aus München
heraustrieb. Den erst einmal endgültigen Abschied aus Mün-
chen gab es dann 1840. Es ging nach Wien. Adele war acht. Die
Halbbrüder waren im Internat, die Halbschwestern ließen sie
in München bei Bettys Schwester Auguste zurück. Diese hatte
Friedrich Adolph Lehfeld geheiratet, den Stallmeister Seiner
Königlichen Hoheit, des Prinzen Karl von Bayern.[15]

Wien war im Jahr 1840 Residenzstadt Kaiser Ferdinands. Kaiser Ferdinand aus dem Hause Habsburg, König von Ungarn und Träger zahlreicher anderer Herrschertitel war für seine etwas unbedarfte Art bekannt. Der Wiener Schmäh hatte ihm den nicht sehr schmeichelhaften Beinamen *der Gütige* beschert. Als im Jahr 1848 Revolutionen die europäischen Herrscherhäuser hinwegzufegen drohten, stand – so die Überlieferung – Kaiser Ferdinand am Fenster der Hofburg und fragte, was denn die Demonstranten dort machten. »Die machen Revolution, Majestät!« »Ja, dürfen's denn des?« war die durchaus berechtigte Frage des Kaisers, denn Revolution war natürlich nicht erlaubt. Und auch als er dann die Regierungsgeschäfte an seinen Neffen Franz Joseph übergab (den Ehemann Kaiserin Sisis), wählte er staatsmännische Worte: »Bub, sei brav, es ist gern geschehen.« Die Authentizität dieser Zitate wird zuweilen angezweifelt. Der Wiener Volksmund machte schließlich aus Ferdinand dem Gütigen Gütinand den Fertigen. Dieser Spitzname war wohl doch ein wenig unfair, denn nach seinem Rückzug aus den Regierungsgeschäften übernahm Ferdinand die Verwaltung mehrerer Ländereien in Böhmen und war wirtschaftlich sehr erfolgreich.

Wien hatte um 1840 über 450.000 Einwohner und war damit eine der größten Städte Kontinentaleuropas.[16] Die Industrialisierung setzte auch hier gerade ein. Erste Eisenbahnstrecken waren fertiggestellt, Industriellenkarrieren wie die eines Alexander von Schoeller waren typisch. 1833 gründete Schoeller noch eine Großhandlung, die Wolle und Farben lieferte. 1843 gründete er die Bergdörfer Metallwarenfabrik. Das Alte stürzt, es ändert sich die Zeit. Es begann auch in Wien der Sieg der Öfen und Eisen.

Der Umzug der kleinen Familie Vio/Spitzeder von München nach Wien war beruflich bedingt. Betty trat nämlich ein Engagement am berühmten Theater an der Wien am Naschmarkt an. Das Theater an der Wien war schon 1801 eröffnet worden. Initiator des Baus war Emanuel Schikaneder gewesen, der Textdichter von Mozarts *Zauberflöte*. 1805 hatte im Theater an der Wien die Uraufführung von Beethovens einziger Oper, *Fidelio*, stattgefunden. Seit 1827 war »Carl Carl«[17] Intendant des Hauses, der 1840 auch Betty engagierte. Carl war eine schillernde Persönlichkeit der Wiener Theaterszene. 1838, zwei Jahre vor Bettys Engagement, kaufte er auch noch das heruntergewirtschaftete Leopoldstädter Theater in der Jägerzeile[18], das später als Carltheater bekannt wurde. Johann Nepomuk Nestroy und weitere bedeutende Vertreter des Alt-Wiener Volkstheaters feierten in der Leopoldstadt Erfolge. Im Zweiten Weltkrieg wurde das Carltheater dann so stark zerstört, dass es 1951 abgerissen wurde. An seiner Stelle steht nun das Hochhaus Galaxy 21. Die dort in die Praterstraße mündende Komödiengasse erinnert noch heute an diesen theaterhistorisch bedeutsamen Ort.

Zurück zu Betty. Das Engagement im Theater an der Wien war nicht die erste Erfahrung in Österreich für sie. Schon mit zehn Jahren hatte sie in Wien gelebt und gelernt. Auch später, nach dem Tode Josefs, kam sie für Gastspiele immer wieder nach Österreich. Betty Vio, verwitwete Spitzeder, hatte bisher durchaus gemischte Erfahrungen an österreichischen Theatern gemacht, um es freundlich auszudrücken. Bereits in den Jahren zuvor hatte sie immer wieder Gastspiele in Wien gegeben, Adele war damals gerade einmal fünf oder sechs Jahre alt gewesen. Auch in die steirische Hauptstadt Graz verschlug es Betty mit der kleinen Adele. Dort in Graz lernte Betty Franz Maurer kennen, den »schönen Wiener Franzel«, einen Fabrikbesitzer, der in Hacking[19] eine Textilfabrik besaß. Betty Vio und Franz Maurer heirateten rasch, ebenso rasch folgte nach einem Jahr die Scheidung. Es ist wohl so, dass sich beide von der Ehe finanzielle Vorteile versprachen, dies sich jedoch gegenseitig zerschlug. Die Fabrik stand nicht so glänzend da wie Franz Maurer selbst, und auch Betty Vio war weniger liquide als erhofft. Adele wusste natürlich schon im zarten Alter von fünf Jahren, dass diese Ehe zum Scheitern verurteilt gewesen war, denn »ich hatte instinktiv eine Aversion gegen den zukünftigen Stiefvater, als hätte ich fühlen können, wie unglücklich er meine arme Mutter machen würde«[20]. Die Motive der Mutter machte Adele aber auch ganz öffentlich. Betty Vio »strebte durch die Verheiratung mit einem reichen Fabrikbesitzer ihren Besitz noch zu vermehren«[21]. Nach der Scheidung gingen Betty und Adele zurück nach München, ein festes Engagement war aber nicht in Aussicht. Und so kam kurz nach der Scheidung von Franz Maurer der Ruf Carl Carls und das Engagement im Theater an der Wien für die kleine Familie Vio/Spitzeder tatsächlich wie gerufen. Und Betty Vio war beim Umzug nach Wien verwitwete Spitzeder, geschiedene Maurer.

Adele kam mit acht Jahren in das Sankt-Anna-Institut der Ursulinen in der Johannesgasse. Kloster und Kirche Sankt Ursula stehen heute noch, seit Ende der 1960er-Jahre genutzt durch die Universität für Musik und darstellende Kunst. Ab 1660 betrieb der Ursulinenorden dort eine Mädchenschule.

Die Gegend war durchaus anregend, auch wenn ein achtjähriges Mädchen dies noch nicht bewusst wahrgenommen haben mag. Unweit der Ursulinenschule eröffnete nämlich im ehemaligen Annakloster in der Johannesgasse 4 das Neue Elysium. Mit einer unterirdischen Pferdeeisenbahn gezogen konnten Sensationslustige eine Weltreise durch die Kontinente erleben. Wilhelm Maximilian Kisch, Wiener Lokalhistoriker und Besucher des Elysiums, beschreibt das Elysium als »Lichtermeer von Flammen und eine Fülle von Farbenzauber«, beginnend mit einem »ägyptischen Zaubergemach, mysteriöse Zeichen an den Wänden und ein getirnter Himmel als Deckengemälde«, gefolgt von Europa, »gemütliche Heimat [...], wir lauschen nationalen Zitherklängen und fidelen Jodlern«. Dann »das elegante Europa. [...] Walzer erklingen, und lüsternglühende Paare schwingen sich im Reigen.«[22] Es folgten Asien und Amerika, Ende 1840 kam noch Australien hinzu. Die Welt schien klein zu werden. Eine inspirierende Umgebung.

Das ehemalige Ursulinenkloster in der Johannesgasse

Nach eigener Aussage war Adele im Ursulinenkloster der »Liebling der Oberin«[23], eine Position, die sie neben ihrer Fähigkeit zum »Einschmeicheln« auch ihrer »Gutmütigkeit« verdankte. Das Kloster selbst stand unter der Protektion von Kaiserin Karoline Auguste, bis 1835 Kaiserin von Österreich. Adele Spitzeder selbst spricht davon, dass das Ursulinenkloster unter der Protektion »der damaligen Kaiserin Mutter«[24] stand. Dies ist in keiner Lesart richtig. Weder war Karoline Auguste die Mutter Kaiser Ferdinands, noch stand das Kloster unter der Protektion der Mutter der damaligen Kaiserin Maria Anna. Deren Mutter Maria Theresia war nämlich schon 1832 verstorben.

Wohnhaft war Betty Vio mit Tochter Adele im Haus Bärenmühle, in der Rechten Wienzeile 1, was einen ca. zehnminütigen Fußweg zum Ursulinenkloster bedeutete. Die Wiener Zeit und auch die Zeit bei den Ursulinen scheinen Adele gut gefallen zu haben, denn in ihren Erinnerungen schreibt sie, sie hätte »es dort nämlich sehr gut gehabt, und das Leben behagte mir daselbst, weil man sich frei und ungezwungen bewegen durfte und weder zur Heuchelei erzogen, noch [...] zur Frömmelei, zur Habsucht und zum Egoismus angehalten wurde.«[25]

Adeles Spitzname in und um das Haus Bärenmühle war »Eulenspiegel«, was auf ein gewisses Temperament schließen lässt. Sie selbst sagte später, dass sie am liebsten mit Buben spielte und »jeden weiblichen Umgang haßte«[26]. Und trotz ihres wilden Wesens – oder sogar genau deswegen – war es mit ihrer Gesundheit nicht zum Besten bestellt. Sie kränkelte oft, lag zu Bett, und ihr Lernfortschritt war wohl überschaubar. Mit zwölf Jahren konnte Adele »kaum richtig lesen, geschweige korrekt schreiben«[27].

Vier Jahre lief Betty Vios Engagement im Theater an der Wien, und vier Jahre verlief Adeles Leben in geordneten Bahnen, weitgehend frei von Hindernissen.

Wieder München

Im Alter von zwölf Jahren, im Jahre 1844, zog es die kleine Familie Vio/Spitzeder zurück nach München zu Adeles Halbgeschwistern. Es war eine kinderreiche Umgebung, denn zu den Halbgeschwistern kamen noch die Lehfeld'schen Kinder hinzu, Adeles Cousinen und Cousins. Und in München fand im Jahre 1844 Adele zurück zur Bildung, während gleichzeitig die Massen auf die Straße gingen und die Münchner Bierrevolution in die Geschichte eingehen ließen. Die Rohstoffknappheit veranlasste nämlich König Ludwig I. von Bayern, den staatlich festgesetzten Bierpreis um einen Kreuzer pro Maß anzuheben. Daraufhin stürmten ein paar Tausend Bürger die Braustätten Münchens, überwältigten die herbeigerufene Polizei, zerstörten Mobiliar und forderten eine Rücknahme der Preiserhöhung. Als am zweiten Tage des Aufstands König Ludwig I. im Theater saß, brach sich der Aufstand auf dem Theatervorplatz, dem heutigen Max-Joseph-Platz, Bahn. Die Theaterbesucher liefen neugierig nach draußen, um zu sehen, was denn los sei, und als der König, der dann auch nicht allein im Theater sitzen bleiben wollte, nach draußen kam und sodann den Befehl gab, den Aufstand niederzuschießen, weigerte sich das Militär, wohl getragen von heimlicher oder offener Sympathie für die Anliegen der Aufständischen. Der Aufstand dauerte insgesamt fünf Tage und endete erst, als König Ludwig I. die Bierpreiserhöhung wieder rückgängig machte und zur Befriedung der Massen sogar noch einen draufsetzte: Im Hofbräuhaus wurde der Bierpreis im Oktober 1844 um eineinhalb Kreuzer gesenkt. Damit war auch die Münchner Bierrevolution 1844 friedlich beendet, die trotzdem als ein Vorbote kommender Ereignisse gewertet werden muss. Friedrich Engels hat das in einem Artikel für den *Northern Star* hellsichtig erkannt. Er schrieb am 25. Mai 1844: »If the people once know they can frighten the government out of their taxing system, they will soon learn that it will be as easy to frighten them as far as regards more serious matters.«[28] Und tatsächlich: König Ludwig I. wurde 1848, nur vier Jahre später, vom Thron gefegt, getarnt durch seine Abdankung. Auch dem war ein Bieraufstand vorangegangen, wie die *Wiener Zeitschrift* am 13. Mai 1848 berichtete.

Dies war also das München Mitte der 1840er-Jahre, als Adele wieder bayerischen Boden betrat und ab dem Alter von 16 Jahren in der revolutionserschütterten Stadt die Erziehungsanstalt der Madame Tanche besuchte, ein typisches Töchterinstitut, das dazu da war, den heranwachsenden Damen das nötige Bildungsrüstzeug für gesellschaftlichen Small Talk ohne allzu tief gehende eigene Gedanken mitzugeben. Literatur, Geografie, Geschichte, ein winziges bisschen Naturwissenschaft. Mit 18 war diese Ausbildung beendet und ab da verlief das Leben der Adele Spitzeder in unüblich freien Bahnen. Sie lernte verschiedene Sprachen, und nach ihrer Selbsteinschätzung sprach und schrieb sie bald englisch, französisch, italienisch, spanisch, dänisch und niederländisch fließend. Bezeugen kann das niemand. Auch die ihr durch sie selbst zugeschriebene besondere Kompositionsbegabung muss mit einem Fragezeichen versehen werden, doch ihr Lehrer Eduard Föckerer, Professor des Pianoforte[29] am Conservatorium München und später Mitherausgeber der *Süddeutschen Musik-Zeitung*, war sicherlich einer der Großen des Fachs. Bei allen grundsätzlichen Begabungen wurde ihr aber ein Mangel an Fleiß und Ausdauer bescheinigt.

Adeles Liebesleben kam schwerfällig in Tritt. Ein Offiziersball, den sie im Alter von 19 Jahren besuchte, ließ sie die Lust am Tanzen, nicht aber an den Männern entdecken. Die Sommer verbrachte die Familie Vio/Spitzeder/Lehfeld am Tegernsee, wo es damals wie heute eine Vielzahl an ländlichen Tanz-gelegenheiten gab. Mit 20 erkrankte sie an den Pocken, einer damals ganz üblichen Krankheit mit ebenso üblicher hoher Sterblichkeitsrate. Viele Überlebende hinterließ die Krankheit verunstaltet, die Puder- und Puderdosenindustrie bekam durch die Pocken einen gewaltigen Auftrieb. Adele ging aber ohne bleibende Blessuren daraus hervor. Anschließend nahm sie Gesangsunterricht bei Marie Henkel, die zuvor u. a. in Berlin und im Großherzogtum Baden Hofsängerin war.

Nach und nach näherte sie sich dem Lebensentwurf ihrer Mutter und dem Theatermilieu. Sie lernte den Schauspieler Friedrich Dahn kennen, einen der renommiertesten Hofschau-spieler Münchens, der seit 1834 am königlichen Hoftheater in München engagiert war. Auch dessen Ehefrau Marie hinter-ließ in der bayerischen Geschichte ihre Spuren, hauptsächlich als Adressatin eines berühmten Briefs: »Ein ewig Räthsel will ich bleiben mir und anderen ...«, schrieb König Ludwig II. am 25. April 1876 an Marie Dahn-Haußmann. Das Schauspie-lerehepaar Friedrich und Marie befand Adeles Vortrag des ers-ten Monologs der Jungfrau von Orléans als »nicht ungünstig«[30]. So stand Adeles Entschluss fest, Schauspielerin zu werden.

Mutter Betty war strikt dagegen, aber machtlos, der Wille der Tochter war stärker. Und so nahm sie Unterricht bei einem weiteren Mitglied der Familie Dahn, nämlich Friedrich Dahns erster Ehefrau Constanze.[31] Ihre Probezeit, nach der Constanze Dahn entscheiden wollte, ob sich eine weitere Ausbildung loh-ne, beendete Adele mit einem Vortrag des *Waldfräuleins*, das der österreichische Schriftsteller Joseph Christian von Zedlitz 1843 geschrieben hatte. Ein schwülstiges Märchengedicht, das 18 Abenteuer eines fantastischen Waldfräuleins aus dem Spessart beschreibt. Die Probezeit war bestanden, der Beifall, an den sich

Adele erinnert, stürmisch (»dramatisches Talent und ein bril-
lantes Organ«)[32]. Mutter Betty wenigstens gab ihren Widerstand
auf. Einige Konversationsstücke studierte Adele dann bei Charlotte von Hagn ein, die nicht nur gefeierter Schauspielstar der
Biedermeierzeit war, sondern auch Geliebte von Franz Liszt
und Porträtierte der Schönheitengalerie im Schloss Nymphenburg. Auch eine Affäre mit König Ludwig I. wurde Charlotte
von Hagn nachgesagt. Auf dem bayerischen Thron saß da aber
schon Ludwigs Sohn Max II. Bei ihm hatte Charlotte von Hagn
schlechtere Karten, und Charlotte verschaffte Adele schließlich
ihr erstes Engagement, jedoch außerhalb Bayerns, an der Hofbühne Coburg. Es ist das Jahr 1857. Adele ist 25.

Tournee

In Coburg, Residenzstadt der Herzöge von Sachsen-Coburg
und Gotha, gab Adele Spitzeder Schillers *Maria Stuart* und *Deborah*, die Hauptfigur aus einem Volksschauspiel von Salomon
Hermann Mosenthal, das 1847 uraufgeführt worden war und
seither auf deutschsprachigen Bühnen sehr populär war. Da-
nach folgte ein kurzes Gastspiel in Mannheim und die Rück-
kehr nach München, wo Spitzeder, vermittelt durch Friedrich
Dahn, wieder die Deborah darstellte und sang. In München
war jedoch die Rolle mit ihrer ehemaligen Lehrerin Constanze
Dahn bereits sehr gut besetzt, Adele wäre also stets nur Vertre-
tung gewesen, und die zweite Partie natürlich keine Option,
dazu hätte sie sich »nimmermehr entschließen können«[33].

Es folgte der Ruf und die Reise nach Brünn in Mähren, einer
»heiteren, hübsch angelegten Stadt mit lustigen Leuten«[34] ans
Stadttheater. Brünn hatte ca. 50.000, überwiegend deutsch-
sprachige Einwohner, deren »Brünnerisch« aber eine origi-

nelle Mischung aus Deutsch und Tschechisch war. Nach Wien
führte die erste Fernbahn im österreichischen Kaiserreich, und
die Brünner Theaterszene war sehr lebendig.

Der dortige Theaterdirektor Christian Gallmeyer war Adele
Spitzeder sehr gewogen, das Personal des Stadttheaters weniger.
Überliefert ist nur die Auffassung Adele Spitzeders selbst, dass
sie nämlich einfach zu gut gewesen sei, »wodurch der Stab der
Bühnenmitglieder über mich so gut wie gebrochen war«. Während eines Auftritts wurden von übelmeinenden Konkurrentin-
nen aus Tüten Maikäfer freigelassen. Eine Unruhe war die Folge, mit der Spitzeder in ihrer Deklamation wohl gestört werden
sollte. »Man hatte geglaubt, mich hierdurch aus der Fassung zu
bringen, sich jedoch ganz bedeutend hierin getäuscht«[35].

Die Stieftochter Christian Gallmeyers war Josefine Gallmeyer,
genannt Pepi. Diese war sicher eine der schillerndsten Figuren
der Theaterszene des 19. Jahrhunderts. Erfolgreich, talentiert,
renitent, cholerisch, verschwendungssüchtig. Debüt mit 15 in
Brünn, dann Engagements in Pest[36], Hermannstadt, Berlin,
Wien, Dresden, keines davon hielt länger als ein paar Monate, manche nur einen Auftritt lang. Dann eine Tournee in den
USA, letzte Gastspiele am Carltheater und im Theater an der
Wien und der Tod mit 46 Jahren. Adele war ihr förmlich verfallen, wusste Pepi doch »schon im höchsten Grade für sich
einzunehmen«[37]. In Pepi fand sie, was sie auf Offiziersbällen
und Tanzvergnügungen am Tegernsee nie gefunden hatte. Pepi
Gallmeyer war jedoch eine unstete Person und Adele wurde
ihr dann schnell langweilig. Nach einem halben Jahr in Brünn
kehrte Adele Spitzeder also nach München zurück, abermals
schlugen Versuche der Mutter Betty fehl, Adele von der Schauspielerei abzubringen, und Adele zog weiter nach Nürnberg.
Dort war sie – natürlich – der erste Gaststar, der brillierte, der

Direktor hatte »endlich« eine geeignete Schauspielerin gefunden, wie sie sich überhaupt in ihren Erinnerungen nur der besten Kritiken sicher ist. Sie lernte Betty Winter kennen, Theater-
agentin, die ihr einen Tag nach der Vorstellung »einen äußerst
entflammierten« Brief schrieb, »worin sie versicherte, daß ich
mir durch meine Darstellung alle Herzen gewonnen hätte«.

In Nürnberg war Adele Spitzeder erstmals abgebrannt, allerdings wortwörtlich, denn ihre Haube fing an einer Kerze auf
der Bühne Feuer, was mehreren Zeitungen einen Bericht wert
war. Nach einem Jahr in Nürnberg – der ihr gewogene Direktor
Brauer war nach Wien gewechselt – zog Spitzeder nach Frankfurt am Main, debütierte als Luise in *Kabale und Liebe*, spielte
noch andere Rollen und »machte in der Tat Furore«[38], mal wieder. Intrigen der Belegschaft waren es erneut, die dem Gastspiel
ein jähes Ende bereiteten. Jäh, weil sie die letzte Vorstellung
durch eine vorgetäuschte Krankheit ausfallen ließ und an den
Problemen, die das dem Theater machte, großes Vergnügen
fand. Spitzeder reiste nach Bern, und schon damals schien das
Schweizer Preisniveau bemerkenswert hoch gewesen zu sein,
denn es wurde »mit erhöhten Preisen«[39] gespielt, dennoch gab
es volles Haus. Sie erntete selbstverständlich großen Beifall und
feierte glänzende Erfolge. Die Schweiz wurde Spitzeders vorü-
bergehende Wahlheimat, nach Bern folgte ein Gesangsfiasko in
Zürich. Dort war sie für 150 fl. »für das Fach der Charakterrollen
und ersten Anstandsdamen engagiert«[40]. Für diese Rollen war
viel Garderobe nötig, außerdem wohnte sie im Hotel, »was mit
den Garderobekosten verbunden mein Budget weitaus über-
stieg.«[41] Sie sah sich gezwungen, einen Kredit aufzunehmen.
Zürich verließ sie dann wieder, nahm aber 900 fl. Schulden mit.

Dann Mainz, *Maria Stuart*, es folgt der Sommer am Tegernsee und München. Dort lernt Adele Spitzeder Heinrich Laube

kennen. Laube war zu jener Zeit künstlerischer Direktor des Burgtheaters in Wien. Zuvor war er 1848 Abgeordneter der Nationalversammlung in der Frankfurter Paulskirche gewesen. In den 1830er-Jahren hatte er wegen liberal-republikanischer Umtriebe in Haft gesessen. Laube war es auch, der den Begriff Junges Deutschland prägte und damit einer ganzen Literaturgattung den Namen gab. Spitzeder trug ihm einige Stücke vor, und natürlich wäre sie sofort beim Burgtheater engagiert worden, ihr Fach war aber leider dort durch Zerline Gabillon, eine der Großen ihres Fachs, schon vertreten. Auch die Bekanntschaft mit Feodor Franz Ludwig Löwe, Regisseur an der Stuttgarter Hofbühne, brachte kein Engagement, und das, obwohl Löwe Adele Spitzeder nach einigen Proben ihres Talents »als die Unsrige«[42] begrüßt hatte. Die Schauspielkarriere, die sie durch so viele Städte geführt hatte, die ein begeistertes Publikum und beeindruckte Intendanten zurückließ, neigte sich dem Ende zu. Kein Platz zum Spielen, nirgends ein Engagement. Aber Aufgeben war nicht ihr Ding.

Adele Spitzeder als junge Schauspielerin, ca. 1852

Pleite

Ein Gastspiel am badischen Hoftheater in Karlsruhe war ein letztes Aufbäumen. Auch hier wurde »mir überall der Beifall des Publikums und eine höchst freundliche Beurteilung der Presse zuteil«[43]. Doch schon bald kehrte sie trotz anhaltendem Erfolg nach München zurück, und zwar bankrott.

Die genauen Ursachen dieses ersten Bankrotts der Adele Spitzeder sind unklar. Dass die Schauspielerei ohne festes Engagement kein finanzielles Ruhekissen war, liegt nahe. Dass auch Adeles Lebenswandel mit ursächlich war, scheint gesichert. Vielleicht versuchte sie auch, mangelnden Erfolg durch möglichst großzügigen Habitus zu übertünchen, und musste konstatieren, dass »ich jedenfalls das Opfer meiner großen Gutmütigkeit« geworden war. Hier in München traf sie Betty Winter wieder, die ihr in Nürnberg so begeistert zu ihrem Auftritt gratuliert hatte. Betty Winter und Betty Vio verstanden sich ebenfalls prächtig, und Adele schloss sie allein schon deswegen ins Herz, weil sie ebenfalls Zigarre rauchte. Eine kleine Freundschaft entstand. Aber der Karriere der Adele Spitzeder konnte Betty Winter auch nicht weiterhelfen.

Es scheint ein Zeichen maßloser Selbstüberschätzung gewesen zu sein, im Zustand ihrer finanziellen Verlegenheit mögliche Einnahmequellen nicht zu nutzen und gleichzeitig auch noch persönliche Kosten keineswegs so gering wie möglich zu halten, sondern durch das Wohnen in einem Hotel ohne Not in die Höhe zu treiben. Aber genau das war der Fall. Die Weichen waren gestellt. An ein redliches Fortkommen glaubte sie wohl selbst nicht mehr.

Ein Engagement in Pest schlug sie auf Bitten ihrer Mutter aus, obwohl eine jährliche Gage von 3.000 fl. in Aussicht gestellt wurde. Als Kompensation versprach Betty ihrer Tochter ein monatliches Taschengeld von 50 fl. »so lange sie [Betty] lebe (sic!)«[44]. Ein letztes Gastspiel gab sie in Altona, wo sie in solchen Geldnöten war, dass sie sich 1.200 Taler leihen musste, ungeachtet ihrer Erfolge als Madame Pompadour und Fürstin Udaschkin in Gustav Freytags *Graf Waldemar*. Von Altona aus ging es nach Berlin, Engagements kamen jedoch nicht zustande. Es wurden Adele wohl Gastspiele auf kleineren Bühnen angeboten; sie schlug die Angebote jedoch aus, da sie »nur an ganz bedeutenden Theatern gastieren wollte«. Von Berlin fuhr sie beinahe mittellos nach Baden-Baden. Die Bank gewinnt immer, sie verlor ihr letztes Hab und Gut und verkaufte den Großteil ihrer Kostüme und Garderobe, um überhaupt die Heimfahrt nach München bezahlen zu können.

Wieder München

Mit nichts als ihren Kleidern am Leib und ein paar alten Theaterkostümen im Gepäck, außerdem einem Regenmantel, abgetragenen Schuhen und einer Kaffeemaschine[45] kam Adele Spitzeder 1868 in München an. Adele war 36 und am Ende. Aber sie hatte eine Begleiterin dabei, die junge und hübsche Emilie Stier, ebenfalls Schauspielerin, mit dem Künstlernamen Branitzka, mit der sie eine enge und intime Freundschaft verband und die sie wohl auch einiges an Geld gekostet hat.

Sie stiegen im Deutschen Haus in der Dienerstraße 20 (damals Dienersgasse) ab. Das ehemalige Hotel Munkert war ausweislich eines Reiseführers[46] von 1871 eines der einfacheren Häuser der Stadt. Adele und Emilie zogen ins Nebengebäude, das von der Burgstraße aus zugänglich war. Zunächst hegte sie die Hoffnung, weitere Angebote zu bekommen, was jedoch nicht passierte. Auch eine persönliche Vorsprache beim Direktor des Aktientheaters[47] Hermann Schmid brachte nichts. Adele erntete herzliches Bedauern, was sie aber finanziell nicht weiterbrachte. Gänzlich hoffnungslos schrieb sie ihrer Mutter Betty, die aber an der Höhe der zugesagten monatlichen 50 Gulden nichts änderte, Adele aber »auf dem schönsten Wege an den Bettelstabe«[48] sehe. Ein Umzug kam nicht in Frage, vor allem, da Adele mit Emilie Zimmer und Bett teilte. Auch Emilie kam aus einer Künstlerfamilie, ihre Schwester war königliche Balletttänzerin. Später, beim Prozess, konnte Emilie glaubhaft, wenn auch sehr kleinlaut und verschämt, aussagen, dass sie mit Adele natürlich nicht aus finanziellen Interessen zusammen gewesen sei, sondern aus »gegenseitiger Neigung«. »Brust an Brust« kommentierte das später der Ober-Präsident des Schwurgerichts. Die Neigung der Adele Spitzeder war oft Thema, verlor sich aber in Andeutungen, wie die Beschreibung aus dem Mund eines Zeitgenossen deutlich macht: »Ein wenig schönes, eckiges Gesicht mit groben Zügen, aus dem eine lange, breitflügelige Nase hervorsteht; breit der Mund, spitz das Kinn, die grauen Augen von schwer zu bedeutendem Ausdruck, ein richtiges Mannsweib.« Überhaupt wird häufig ihr betont männliches Auftreten hervorgehoben. Sie raucht Zigarren, ist kein bisschen zurückhaltend, eher laut und herrisch, legt keinen Wert auf weibliche Reize an ihrer Kleidung und umgibt sich gerne mit jüngeren hübscheren Frauen. Emilie ist eine davon.

Daneben gehörten sechs kleine Hunde zum Spitzeder'schen Haus- oder eher Hotelstand. Dazu die Miete im Deutschen Haus. Die 50 Gulden von Mutter Betty bedeuteten einen Tropfen auf den heißen Stein, ein Tropfen, der zur Deckung der Lebenshaltung nicht ausreichte. Ein Darlehen musste her, was sie aus alter Verbundenheit von einem Freund aus den Tegernseer Tanzzeiten auch bekam. Dieser alte Freund war der Friseurmeister Speier, mittlerweile über 50 und Adele seit langem zugetan.

Die Alternative zum Schuldenmachen wäre ein Umzug zur Mutter gewesen. Natürlich: Hierfür hätte sie ihre Freundschaft oder wenigstens die Hausgemeinschaft mit Emilie aufgeben müssen, und das war ausgeschlossen. So verlegte sich Adele auf die Kreditreiterei, was eine gewisse Zeit gut ging. Ein Kredit wird mit dem nächsten abgelöst. Der erste Kreditgeber war der besagte alte Freund, Friseur Speier, »welcher mir schon früher bei ähnlichen Anlässen aus der Klemme geholfen [...] hat«[49]. Freilich mit hohen Zinsen. »Er zeigte sich auch diesmal willig«, was den Verbleib im Deutschen Haus ermöglichte, »und zwar nichts weniger als anspruchsvoll – im fünften Stocke«. Aber auch dieses Darlehen war bald aufgebraucht, sodass sie bald gezwungen war, selbst einzukaufen und zu kochen. Jedenfalls tagsüber, denn abends gingen sie und Emilie dann doch noch auswärts essen. Dem Hausmeister gab Adele auch ab und an ein Trinkgeld, und wie dieser später vor Gericht bezeugte, sagte sie dabei: »Ich werde noch einmal eine Rolle in der Welt spielen«[50].

Zunächst war ihre Rolle jedoch die der Bittstellerin, denn das Darlehen wurde verlängert, dann erhöht, das Ganze noch einmal, und bald stand sie bei ihrem guten Freund mit mehreren Tausend Gulden in der Kreide. Bald waren aber auch »die eigenen Mittel meines Geldlieferanten aufgezehrt«. Er konnte und wollte Adele aber nicht fallen lassen, sie ließ ihn auch nicht los, und er bürgte für sie, und auch »leistete mir der gute Mann Garantie auf Wechsel bei dem Volke Israel.« Sie fand wieder Gönner, löste einen Kredit mit dem anderen ab, die Kredite wurden immer höher, die Raten ebenso, und es wurde immer schwieriger, weiteres Geld heranzuschaffen. Bald erkannten auch die Verleiher, dass es mit der Solvenz der Adele Spitzeder nicht zum Besten bestellt war, forderten höhere Zinsen und verlegten sich am Ende sogar darauf, »miserable Ölgemälde und noch viel miserablere Zigarren mit als Bargeld« herauszugeben. Es war dann Adeles Aufgabe, diese Tauschobjekte zu Geld zu machen. Eines dieser Kreditgeschäfte ist überliefert. »Der Verleiher Isaak R. lieh mir 500 Gulden, gab mir ein schlechtes Ölgemälde dazu und gab mir hierfür auf 3 Monate einen Wechsel auf 800 Gulden«[51]. Das Geld war aber genauso schnell wieder weg, wie es da war. Abendessen, Miete, die Ablösung alter Kredite, wenn der Kreditgeber zu lästig wurde. Es verrann förmlich unter Adeles Fingern. Sie war nun auf Kreditvermittler angewiesen. Franz Silchinger und Josef Weber kassierten pro Kreditvermittlung 20 fl.

Das Treiben mit Freundin, Hunden, selbstgekochten Kartoffeln und selbstgebrautem Mokka, dazu Besuche von Kreditgebern, Kreditvermittlern und Wucherern war dem Wirt des Deutschen Hauses irgendwann zu bunt und er bat Spitzeder, sich um eine andere Unterkunft zu bemühen. So zog sie im März 1869 aus dem Deutschen Haus aus und fand Unterschlupf im Gasthof Goldener Stern, auch Österreichischer Hof genannt, »wo man mir zwei Zimmer zu sehr mäßigem Preise zur Verfügung stellte.« Der Österreichische Hof war eine der weit über 500 Bierwirtschaften, die es in München gab. Die Wirtsleute des Österreichischen Hofs, das Ehepaar Knopf, kamen aus Wien und waren Adele durch deren eigene Wiener Zeit und Kenntnisse sehr verbunden. Adele wurde Taufpatin des kleinen Knopf, das Verhältnis war sehr gut, und hier im Österreichischen Hof begann die Spitzeder'sche Privatbank, die sogenannte »*Dachauer Bank*«.

Erster Akt:
Erste Zinsversprechen

Die Münchner Au, rechts der Isar, südöstlich der Kernstadt gelegen, war 1854 eingemeindet worden. Die Au war nie eine bevorzugte Münchner Wohngegend. Kleine Häuser an Isararmen, am Mühlbach, heruntergekommene, verschlammte Wege, die hygienischen Verhältnisse haarsträubend, Herd zahlreicher Choleraepidemien, Heimat von Arbeitern, kleinen Handwerkern und Bettlern. Zwischen Hühnern, Schweinen und dreckigen Kindern wohnten ein Zimmermann und seine Frau, die schwanger war. Adele, mal wieder auf der Flucht vor ihren Gläubigern und auf der Suche nach einem Geldverleiher, der ihr noch Kredit einräumte, traf die Frau am Rande der Isar. Sie kamen ins Gespräch.

Kaum noch gäbe es vertrauenswürdige Menschen. Überall nur Halsabschneider und Gauner. Man wisse ja nicht, wem man noch glauben könne. Adele sah wehmütig auf den Fluss, der langsam dahinzog. Zustimmung bei der Zimmermannsfrau. Ihr Leben war hart. Im Winter, der nahte, kroch klamm die Kälte durch die Ritzen des Hauses. Das Kleid war zerschlissen, doch die Unbekannte, die sich so gut, aber doch so bodenständig, so verständlich, ausdrückte, die ihre Sorgen kannte, sah doch nach guter Herkunft aus. »Ja«, sagte Spitzeder. Sie habe ja auch einen Weg gefunden, ihr eigenes Geld zu machen, war nicht mehr angewiesen auf andere, war ihre eigene Herrin.

Wie genau, das könne sie freilich nicht verraten. Aber dass sie nun als Frau, alleine, ohne Beschützer und ohne zahlenden Ehemann, durch München laufen könne, während andere sich abrackern und buckeln mussten, ja das sei ein Segen. Ein Segen, der nicht nur von oben gekommen sei, sondern auch selbst erarbeitet.

Dass ohne eigenes Zutun und nur durch Gott nichts kam, das leuchtete der Zimmermannsfrau ein. Und dass eine Frau so alleine für sich sorgen konnte, aber trotzdem so freundlich und nahbar mit ihr sprach, das beeindruckte sie auch. Eine Frau, die nicht zur besseren Gesellschaft gehörte, gar nicht dazugehören wollte, die die Obrigkeit, die jüdischen Geldverleiher, die Regierung verachtete, obwohl oder gerade weil sie so viel davon verstand, das war besonders. Und so lud Adele, huldvoll, großzügig, freundschaftlich, verständnisvoll, die Zimmermannsfrau mitsamt Mann und ungeborenem Kind in ihre bescheidene Hütte, den Österreichischen Hof, ein, nur einmal über die zwei Isarbrücken und schon seien sie da. Und am selben Abend kam in den Österreichischen Hof dann auch ein Zimmermannspaar. Der Ort war gut gewählt. Adele hatte sich noch einmal umziehen können, um ihre verbliebenen Reichtümer zu zeigen. Der Ort war aber auch nicht einschüchternd. Einfache und bürgerliche Gäste schätzten den Österreichischen Hof, seine Küche und die Lieder, die darin gesungen wurden. Die Zimmerleute fühlten sich daheim und unter ihresgleichen. Und es war keine große Überzeugung nötig, Adele musste sich natürlich sogar wehren, aber die Zimmerleute ließen sich nicht abbringen, denn die Geldvermehrung, die ihnen so nebenbei geschildert wurde, war doch zu verführerisch. 10 Prozent Zinsen im Monat erreiche sie, so Adele. Und ja, wenn die beiden so unbedingt wollten, dann könne sie ihnen natürlich – aber selbstverständlich aus reiner Gutherzigkeit und ohne ihnen etwas versprechen zu können und ohne ihnen hier eine falsche Sicherheit vorzugaukeln – helfen und es mit dem Geld der Zimmerleute ebenso machen. Auf drei Monate nur müssten sie ihr Geld anlegen. Und natürlich, das sei ja eher unüblich, könne sie ihnen auch die Zinsen für die ersten beiden Monate sofort auszahlen. Denn so viel Vertrauen habe sie in die ehrlichen Zimmerleute, und selbst bereichern wolle sie sich ja an so braven Leuten nicht, noch dazu, da bald ein Kind kommt. Dass keine Geschäftsgebühr anfalle, verstehe sich von selbst. Es sei ein Dienst an den Nächsten und zu viel Dankbarkeit wolle sie gar nicht hören. Ja, dann nehme sie in Gottes Namen halt das Geld, man müsse zu seinen Worten stehen. Wie viel es denn sei? »100 Gulden«, war die Antwort der werdenden Familie. Das Geld wechselte den Besitzer. Adele stand auf, sie käme gleich zurück. Sie ging nach oben, beschwingt, das Zimmer war also erst einmal bezahlt, sie musste nicht auf die Straße, auch die jüdischen Wucherer würde sie mit ein paar Anzahlungen erst einmal beruhigen können. Von den 100 Gulden nahm sie 20 wieder mit nach unten, zahlte sie als Zinsen für die ersten zwei Monate sofort aus, denn zu seinem Wort müsse man als Ehrenfrau natürlich stehen. Der Rest, also 110 Gulden, sei dann in drei Monaten abholbar. Wenn es unbedingt nötig sei, dann auch früher. Und sie wüssten ja, wo sie wohne. Und nur weil das treue Ehepaar in freudigen Umständen ihr so schnell ans Herz gewachsen sei, nur deshalb wäre es auch möglich, dass diese ihren Bekannten davon erzählen könnten. An die große Glocke solle es aber bitte nicht. Adele wünschte kein Aufsehen. Die Verabschiedung war herzlich. Man werde sich bald wiedersehen.

Sie hatte also noch 80 fl., das Zimmer musste bezahlt werden. Ein paar Gulden gingen für Rückzahlungsraten drauf. Die drängendsten Gläubiger mussten ruhiggestellt werden. Für die nächsten Wochen war sie gerettet. Und eine Lösung für das grundsätzliche Problem würde sich schon noch finden, aber jetzt erst einmal eine Zigarre und ein Wein mit Emilie. Und während Adele durchatmen konnte, war die Saat gesät.

Diese Art der schnellen Geldvermehrung machte die Runde, gerade noch rechtzeitig, innerhalb ihrer Dreimonats-Galgenfrist. Denn die Eheleute aus der Au waren nicht untätig. Beim Arbeiten, beim Hämmern, beim Brettertragen, beim Einkaufen, überall wurde geflüstert und gewispert und erzählt, dass es eine Dame auf der anderen Isarseite gäbe, gutgekleidet, wohl guter Herkunft, jedenfalls aber guter Erziehung, dabei aber doch eine der ihren, die ihre Zweifel an Banken, Sparkassen, an der Verwaltung und der Obrigkeit teile. Alles müsse natürlich vertraulich bleiben, das sei zugesagt, aber sie sei sehr freundlich, dabei doch offen und ehrlich gewesen, habe nichts Falsches versprochen oder Unwahres vorgegaukelt und sogar sofort Zinsen gezahlt.

Und schon nach kurzer Zeit kamen ein weiterer Zimmermann, eine Geflügelhändlerin und ein Dienstmann[52] zu Adele in den Österreichischen Hof. Wiederstrebend nahm sie das Geld, von jedem 100 Gulden, sie wollte die Leute doch nicht enttäuschen, hatten sie sich doch extra auf den beschwerlichen Weg aus der Au über die Isar gemacht. Natürlich, sie nehme das Geld für drei Monate, pro Monat gebe es 10 Prozent Zinsen und ja, sie wolle, dass sich die armen Leute nicht sorgen müssten: Der Zins für die ersten beiden Monate werde gleich ausbezahlt, dreimal 20 fl. Innerhalb weniger Tage hatte sie, die bis vor kurzem noch von Geldleiher zu Wucherer und Betrüger, von Pontius zu Pilatus, lief, 320 Gulden eingenommen. Und als dann das treue Zimmermannspaar, die Frau kurz vor der Niederkunft, ihr Geld zuzüglich Zinsen in Höhe von 10 Prozent für den dritten Monat abholen wollten, dann war das na-

türlich kein Problem. Adele zahlte anstandslos mit warmen
Worten und besten Wünschen für die junge Familie 110 fl. aus.
Sie hatte ihr Wort gehalten. Natürlich hatte die junge Familie
dabei keinen Zweifel gehabt, aber sie war nun doch froh. Froh,
dass alle ihre guten Gedanken so treu bestätigt wurden. Und
es sei doch nur recht und billig, und es wäre natürlich ein großes Entgegenkommen des Fräulein Spitzeder und ein großer
Gefallen, den sie der jungen Familie täte, wenn sie nun die
130 Gulden nähme und wiederum anlegte. Dass auf sie Verlass
war, habe sie gezeigt und bewiesen. Wenn es der jungen Familie und dem Kind, dem Gottesgeschenk, hilft, dann in Gottes
Namen, stimmte Adele zu. Zahlte sofort 26 Gulden Zinsen für
die ersten beiden Monate aus und hatte nun schon 344 fl. eingenommen. Sie konnte kaum glauben, wie einfach es war.

Die Kunde verbreitete sich rasch, die Kunden vermehrten sich,
sodass Rückzahlungen, die eingefordert wurden, für Adele
Spitzeder ein Leichtes waren. Die Zinsauszahlungen waren ja
zwangsläufig kein Problem, wurden diese doch von der Einlage
selbst bezahlt. Der Geldsegen war willkommen und notwendig,
denn sie brauchte einen guten Leumund. Gerüchte, dass Adele
Spitzeder selbst Schulden hatte, Gerüchte, die sich am Ende
bis in die Armenviertel der Au herumsprachen, konnte sie nun
nicht brauchen. Klar, wer glaubte schon den Juden, bei denen
sie Schulden hatte, aber zu gefährlich war es doch. Ihre alten
Außenstände beglich sie einen nach dem anderen. Es »mehrten
sich die freiwilligen Gelddarleiher nach und nach ins Unendliche, so daß ich es in der Folge mit einer wahren Kreditlawi-
ne zu tun bekam, welche mich förmlich betäubte, jedoch sich
weder dämmen noch sonstwie aufhalten ließ«[53]. Das Rad war
in Schwung gekommen. Die Geldmenge wuchs rasant. Einen
Teil des Geldes, 2.700 fl., investierte sie in ein kleines Gut bei
Oberföhring an der Isar, nördlich von München. Der größte Teil

blieb jedoch Barschaft oder anderweitig schnell verfügbar. Große Investitionen waren eine zu große Gefahr. Jederzeit konnten
ja die Leute auf die Idee kommen, oder von übelmeinenden auf
die Idee gebracht werden, ihr Geld sei bei der Spitzeder nicht
sicher. Jederzeit also konnte es sein, dass sie große Mengen
schnell auszahlen musste. Ein Großteil des eingelegten Kapitals
musste also tot liegenbleiben. Ein Gegenwert für die Schulden
wuchs also nicht. Aber noch strömte das Geld nur so herein.

Die Sache nahm Fahrt auf. Adele benötigte Emilies Hilfe. Sie
waren sich einig, alle Namen und die dazugehörigen Gesich-
ter konnten sie sich nicht merken. Ein System musste her. So
kamen sie auf die Wechsel. Wechsel sind Wertpapiere. Der
Aussteller eines Wechsels sagt dem Inhaber des Wechsels eine
Zahlung auf Kosten des Ausstellers zu und unterschreibt den
Wechsel. Das Datum, wann der Inhaber des Wechsels den
Wechsel einlösen (ziehen) kann, ist durch den Aussteller be-
stimmbar. Ist der Termin erreicht, ist der Wechsel fällig. Ist
der Auszahlungstermin noch nicht erreicht, ist der Wechsel
unfällig. Für Adele Spitzeders Kreditgeschäft war der Wechsel
die ideale Beurkundung. Sie als Ausstellerin konnte die Fällig-
keit vorgeben, und der Inhaber des Wechsels brauchte nur den
Wechsel vorzulegen, um die Schuld bei ihr einzufordern, wo-
bei die auch in der Höhe fest zugesagte Zinszahlung Teil der
Schuld war. Wechsel wurden besteuert, die Wechselsteuer wurde in Deutschland erst ab 1992 abgeschafft.[54]

Die Zimmerleute aus der Au, die ihre ersten Kunden gewesen
waren, hatten nun die Möglichkeit, sich einen schönen Zuver-
dienst zu sichern. Adele dachte sich ein Belohnungsmodell
aus. Wer ihr neue Kunden brächte, der konnte sich 5 Prozent
der Anlagesumme hinzuverdienen. Natürlich gelte das nur für
die Zimmerleute, es gehe ihr hier um Freundschaft und die

kleine Familie. Und sie bat auch hier um Vertraulichkeit. Wie beabsichtigt sprach sich diese Vertraulichkeit bald herum. Und bald schon hatte sie fünf gute Zutreiber, die ihr regelmäßig neue Kunden brachten und dabei selbst ganz ordentlich verdienten. Natürlich, die fünfprozentige Provision der Zutreiber wurde von der Anlagesumme abgezogen und wurde direkt an die Zutreiber ausbezahlt. Aber auch dann blieben für die Neukunden noch beträchtlich verlockende Zinserträge übrig.

Innerhalb kürzester Zeit war aus dem kleinen Österreichischen Hof im Gasthaus Goldener Stern im Tal eine Wallfahrtsstätte geworden, nicht für das Seelenheil, sondern für weltliche Gelddinge. An einem Sonntag Ende 1869 standen dann plötzlich so viele Menschen im Gasthaus, dass es Adele selbst schon ganz mulmig wurde. Dicht an dicht standen beinahe 50 Menschen da. Sie kamen nicht mehr nur aus der Au, auch aus Giesing, aus Haidhausen, und Einzelne waren sogar aus den Stadtteilen links der Isar, immer aber waren es einfache Leute. Die beinahe magische, aber zuverlässige Geldvermehrung mit Adele Spitzeder hatte sich in München herumgesprochen. Die Waschfrauen erzählten davon, die Dienstleute, Handwerker bei der Arbeit, die Droschkenkutscher in den Pausen. Die generöse, dabei so bescheidene und ehrliche Adele Spitzeder war Stadtgespräch der kleinen Leute geworden. Auf Adele wirkte die Menge, die sich im Gastzimmer versammelt hatte, ermutigend und beängstigend zugleich. Die pure Anzahl versprach bares Geld, aber auch Risiko. Ein Rad, das sich dreht, ist nicht leicht aufzuhalten. Darum behielt sie einen kühlen Kopf. Die Maxime: Überrede die Leute nicht, dir dein Geld zu geben. Wecke den Wunsch in ihnen, es dir zu geben. Mach dich frei von Verantwortung. Wirke bescheiden. Sag die Wahrheit. Lass dir hinterher nichts vorwerfen. Es hatte ja schon bei den Zimmerleuten so gut funktioniert. »Ich kann euch keine Sicherheiten geben!«, rief sie daher auch direkt rundheraus. Keine Garantien, keine Versprechungen. Und tatsächlich kam die Menge ins Zweifeln. Denn nur so konnte die Überzeugung wirklich keimen. Es brauchte nur den einen Auslöser. Und dieser eine Auslöser war einer der zuverlässigen Zimmermänner, Kunde der ersten Stunde, der kurz zuvor eine besonders generöse Zinszahlung erhalten hatte. Nur ein Schelm würde einen Zusammenhang sehen, aber gut war es schon, dass er sich der Menge nicht als alter Bekannter zu erkennen gab. Dies hätte nur zu Gerüchten und Mutmaßungen oder Verleumdungen geführt. Dieser Zimmermann legte ihr also 100 Gulden auf den Tisch. Es folgten ein zweiter und ein dritter. Allen drei wurde der Wechsel ausgestellt. Und um ihnen und allen, denn vor der Menge geschah dies alles, ein Gefühl von Sicherheit zu geben und Ängste zu nehmen, wurde die Laufzeit nur auf vier Wochen festgelegt und im Wechsel eingetragen. In knapp einem Monat könnten sie also ihr Geld, dreimal 100 Gulden, wieder abholen und bekämen für diese vier Wochen auch noch 10 Prozent Zinsen. Diese könne sie bei der kurzen Laufzeit natürlich nicht im Voraus auszahlen, das sahen die drei ein und die Menge auch. Alles andere wäre ja auch unseriös gewesen.

Das Gasthaus leerte sich, aber in den Köpfen arbeitete es. Am Ende behielt die Gier, die alte Metze, die Oberhand. Und gleich wie sehr sie gezögert hatten, alle kamen wieder. Die ersten machten gleich auf der Türschwelle kehrt, schlichen zurück. Dass sie gegangen wären, war nicht Misstrauen geschuldet, das verstehe Fräulein Spitzeder sicher. Fräulein Spitzeder verstand. Dass sie keine Sicherheiten geben könne, das sei allen klar. Fräulein Spitzeder nickte. Aber sie wollten es doch lieber einer honorigen Person anvertrauen als dem Kopfkissen oder der Sparkasse, wo es ja doch keine Zinsen gebe. Lieber keine Sicherheiten, dafür aber Vertrauen. Fräulein Spitzeder stimmte zu. Die Letzten hatten sich am Montagabend besonnen. Emilie und Adele stellten zahlreiche Wechsel aus. Die Laufzeit betrug höchstens drei Monate, dann bekam man aber auch gleich die ersten zwei Monatszinsen. Bei zwei Monaten Laufzeit konnte sie leider nur einen Monat im Voraus die Zinsen auszahlen. Das verstanden alle. Immer aber waren es, dafür stand sie mit ihrem Namen, garantierte 10 Prozent.

Sicher waren Zweifler darunter, Vorsichtige, die nicht das gesamte Vermögen einzahlten, nur einen Teil zu Testzwecken, aber das Angebot war schon sehr verlockend. Und bei solch kurzen Laufzeiten konnte man ja auch nichts falsch machen. Das Risiko war überschaubar und bisher hatte sogar jeder, den die Unsicherheit übermannte, den die Ehefrau schimpfte oder der unvorhergesehen dringend Geld benötigte, auch unfällige Wechsel einlösen können und sein Geld zurückbekommen. Die Verführung war stärker als der Zweifel, der Augenblick stärker als die Zukunft. Geld war stärker als Gewissen und Adele nahm es entgegen. Ohne eine Sicherheit, ja ohne auch nur den Anschein einer Sicherheit, ja ausdrücklich ohne Sicherheit, ausgelöst durch Gewinngeschichten und Gier auf beiden Seiten, wechselten Zehntausende Gulden in wenigen Tagen den Besitzer.

Adele Spitzeder hatte nun ausreichend Barmittel, und was sie nicht selbst benötigte, vergab sie als Darlehen zu hohen Zinssätzen. Es gab ja jede Menge Gecken, die ein teures Leben führen mussten, aber keine ausreichenden Einnahmen hatten. Kavaliere, Offiziere und dergleichen zahlten für ein Darlehen von Adele Spitzeder Zinssätze von 15 bis 20 Prozent. Dies war wohl immer noch günstiger als bei anderen Wucherern, und das Geld wurde schnell und bar ausbezahlt. Das lockte. So nahm sie also bedeutende Barmittel ein: Kredite der Gläubiger und Zinsen der Kreditnehmer. Bei der Auswahl ihrer Kreditnehmer war sie

sorgfältig. Sie nahm nur Leute, deren gesellschaftliches Ansehen einen Kreditausfall nicht erlaubte. Bei denen es einen Skan-
dal darstellen würde, wenn Adele Spitzeder, mittlerweile doch
bekannt und geachtet, eine Zahlungsklage anstrengen würde.
Und, sie sei ja auch kein Jüdin, sondern fromme Christin und
sogar Katholikin, ihr würde man nicht nur glauben, sondern sei
auch auf ihrer Seite. Nein, einen Kreditausfall bei ihren Kava-
lieren und Offizieren befürchtete sie nicht. Diese würden sich
notfalls bei Wucherern Geld leihen, um es ihr zurückzuzahlen.

Die Hofhaltung der Damen Spitzeder und Stier wurde auf-
wendig. Die Gaststube reichte für die täglichen Bargeschäfte
nicht mehr aus. Allzu oft hatten Bänkel- und Coupletsänger,
Suppenesser, Biertrinker und Kartenspieler die Geldgeschäfte gestört oder wurden durch diese gestört. Damit musste
Schluss sein. Außerdem benötigte sie mehr Platz. Platz für
sich, für ihre Hunde, für ihren Wechsel-Schreibtisch, für Emilie und ihr Geld. Also mietete Adele zwei weitere Zimmer im
Österreichischen Hof. Und auch die Rollen wurden aufgeteilt.
Emilie fungierte als Kassiererin, denn zu ihr hatte Adele Vertrauen. Adele übernahm die Buchführung, notierte, wer wie
viel einzahlte, wie viel ausgezahlt wurde, und wer die Person
überhaupt war. Sie sprach mit den Leuten, Bittstellern, die ihr
ihr Geld geben wollten und davon nicht abzubringen waren,
mal hart, mal herzlich, immer offen und immer ausrufend,
dass sie keine Sicherheiten bieten könne. Endlich konnte sie
auch ihrem alten Freund, dem Friseur Speier, die Schulden
zurückzahlen. Sie erzählte ihm von ihrer Art der Geldvermehrung, stieß auf bewundernde Zustimmung, froh, dass er sein
Geld wiederbekommen hatte. An Weihnachten 1869 konnte
sie bequem zwölf Leute großzügig bewirten. Im Österreichischen Hof war die Privatbank der Adele Spitzeder geboren.

Zweiter Akt:
Die Spitzeder'sche
Privatbank

Das Dachauer Umland zog Künstler an. Das Moos, eine Moor-
landschaft mit Sümpfen und Auen, feuchten Wiesen und kleinen buckligen Wäldern und Hecken, war schon im 19. Jahrhundert bei Malern sehr beliebt. Spitzweg, Leibl, Dillis, später
auch Franz Marc und viele andere schätzten die wildromanti-
sche Landschaft und Unberührtheit. Unberührt war die Landschaft vor allem, weil das Gebiet für den Ackerbau ungeeignet
und Viehhaltung kaum möglich war. Stattdessen lebten die
Einwohner des Dachauer Mooses vom Torfabbau, von Schilf-
und Heuernten. Das waren anstrengende Tätigkeiten, die wenig Ertrag brachten, und nur deswegen ausgeführt wurden,
weil die Familie schon immer auf der gleichen Scholle saß. Wo
sollte man auch hin. Erste Entwässerungsmaßnahmen erlaub-
ten nach und nach eine kleine Landwirtschaft, aber das Wasser
und die feuchte Erde hielten die Menschen im Klammergriff.
Was für uns heute schützenswert ist und für die Künstler ma-
lenswert, war für die Menschen damals eine Qual. Die Industrialisierung, Fabriken und die Eisenbahn, die Dachau ab 1867
mit München und Ingolstadt verband, veränderten alles. Auf
einmal war ein Fortkommen möglich. Auf einmal war es möglich, eine Arbeit weit weg vom elterlichen landwirtschaftlichen
Betrieb anzunehmen, weshalb ein Großteil der Arbeiter in der

Untergiesinger Lederwarenfabrik aus dem Dachauer Umland kam.

Dachauer Bank

Und auch aus der Au fanden viele Arbeit in den Giesinger Fabriken. Beim Mittagstisch, in Pausen, nach Schichtende, beim Bier, bei tausend täglichen Gelegenheiten erzählten die Auer Arbeiter ihren Kollegen aus dem Dachauer Land von der Bank der kleinen Leute, der Bank der Adele Spitzeder. Und Adeles Kundenkreis wuchs. Bald hatten beinahe alle Arbeiter der Giesinger Fabriken bei ihr das angelegt, was sie entbehren konnten.

Ebenfalls in Giesing ansässig war Angelo Knorr. Er war knapp 50 Jahre alt und hatte sein Ohr stets nah bei den Arbeitern und dem kleinen Volk, dessen Bedürfnisse er kennen musste, damit sich das Handelshaus in Familienbesitz, Sabbadini-Knorr in der Kaufingerstraße, mit den richtigen Waren eindeckte. Knorr betrieb in Giesing auch die familieneigene Essig- und Malzfabrik, die unweit der Lederwarenfabrik lag. Im November 1869 hörte Angelo Knorr dann von den Arbeitern der Lederwarenfabrik, aber auch von den Arbeitern seiner eigenen Fabrik, dass beinahe alle bei Adele Spitzeder investiert hatten. Ja, überhaupt hörte er zum ersten Mal von Adele Spitzeder. Er erzählte seinem Bruder Julius Knorr davon, dem Eigentümer der *Münchner Neuesten Nachrichten* und nannte den Spitzeder'schen Geldverleih, denn einen offiziellen Namen kannte er noch nicht, *Dachauer Bank*. Durch einen ersten Artikel in den *Münchner Neuesten Nachrichten* fand dieser Name dann Verbreitung. Angelo Knorr selbst war das Glück nicht lange hold; er musste für seine Essig- und Malzfabrik Konkurs anmelden. Die *Münchner Neuesten Nachrichten* aber entwickelten sich später zur auflagenstärksten Zeitung Süddeutschlands.[55] Durch den Artikel in den *Münchner Neuesten Nachrichten* und die damit einhergehende Berühmtheit, die die *Dachauer Bank* erlangte, wurde auch die Polizei Ende 1869 erstmals auf Adele Spitzeder aufmerksam. Auch eine erste anonyme Anzeige ging ein. Adele und ihre Gesellschafterin bekamen Besuch. Gläubiger wurden bei der Polizei vorgeladen. Sie wurden befragt, warum sie Adele Spitzeder Geld gegeben hatten, welche Sicherheiten sie ihnen versprochen hätte, welche Geschäfte vorgegaukelt. Vergebliche Mühe. Es kam heraus, dass einer der Arbeiter der Giesinger Lederwarenfabrik, ein Herr namens Sack, Adele angezeigt hatte. Aber Geld anzunehmen war natürlich nicht verboten. Es war nicht so, dass sie falsche Sicherheiten vorgetäuscht hatte. Es war durchaus wahrscheinlich, dass die Barschaft und auch der Grundbesitz in Oberföhring die Verbindlichkeiten mehr als deckten, Beschwerden über nicht ausgezahlte Wechsel hatte auch niemand vorzubringen, und dass keine Sicherheiten vorhanden waren, hatte sie ausreichend betont. Ein Betrugsverdacht ließ sich also nicht erhärten, jedenfalls aber war eine Überschuldung Ende 1869 noch nicht augenfällig. Der Polizeikommissar Bossert vernahm Adele. Sie konnte den Münchner Heimatschein vorlegen, war ja auch hier aufgewachsen, zeigte Papiere über das Oberföhringer Gut, die Kredite waren also quasi private Investitionen in ein Grundstück, die sich bald nicht nur amortisieren sollten, sondern auch Gewinn abwerfen. »Ach so! Man sagte, Sie wären aus Wien. Ich sehe aber hieraus, daß Sie aus München sind und ihr Wirt Sie einfach nicht angemeldet hat.«[56] Die Anmeldung wurde nachgeholt. Adele erstattete Anzeige gegen den Arbeiter Sack wegen falscher Verdächtigung und Verleumdung. Der aber bettelte unter Tränen, die Anzeige zurückzunehmen. Es tue ihm so leid. Sie zeigte Gnade. Adele konnte weitermachen. Es war ein Schuss gewesen, ein erster Angriff, der sie aber verfehlt hatte. Überlebt man einen Angriff, gibt es zwei Möglichkeiten zu reagieren: Entweder man versteht ihn als Warnung, in Zukunft vorsichtiger zu handeln und sich der Gefahren stets bewusst zu sein. Oder aber die eigene Errettung wird als gottesgnadengleich wahrgenommen, und es stellt sich ein größenwahnsinniges Gefühl der Unverletzlichkeit ein. Für was sich Adele Spitzeder entschied, war im November 1869 noch unklar. Die Polizei und die *Münchner Neuesten Nachrichten* konnte sie bis zum Ende jedenfalls nicht mehr abschütteln.

Erste Nervosität

Zu viel öffentliche Aufmerksamkeit war nicht gut. Mundpropaganda gehörte zum Geschäftsmodell, aber kritische Zeitungsberichterstattung und Besuche der Polizei nicht. Und so ergriff sie die Initiative. Sie suchte Polizeirath Hilgert auf, mit der Frage, »ob das Aufnehmen von Darlehen und das Ausleihen einer polizeilichen Erlaubnis unterworfen wäre«[57]. Die Antwort kam prompt. Das sei keine polizeiliche Sache, aber eine Frage des Gewerberechts. Also machte sie sich auf zur Gewerbeaufsicht und fragte den Magistratsrath[58] Kummer, ob es denn ihr als alleinlebende brave Christin erlaubt sei, sich ab und an ein wenig Geld zu leihen und auch an hilfebedürftige Mitmenschen Geld auszuleihen? Rath Kummer, gebeugt, geneigt, nicht wissend, was er mit der Frage anfangen solle, beruhigte sie. Geld aufnehmen und ausleihen falle »unter keine gewerbliche Rubrik« und sei »gesetzlich vollkommen zulässig«[59]. Das Geschäft ging also munter weiter, die Einnahmen florierten. Der städtische mündliche Freibrief, so empfand sie es, gab ihr Auftrieb. Sollten die *Münchner Neuesten Nachrichten*, diese Schreiberlinge, doch verbreiten, was sie wollten. Das würde eh nicht gelesen von ihrer Kundschaft. Andererseits jedoch, ein solch öffentliches Auge konnte gefährlich werden. Das Geschäft lief zu gut, um das Weiterbestehen der *Dachauer Bank* dem Zufall eines weiteren Artikels oder dem nächsten Besuch eines Polizeibeamten zu überlassen. Sie musste selbst für ihre öffentliche Wahrnehmung sorgen, denn wer die Zügel nicht selbst in die Hand nimmt, der wird von anderen geführt. Und das ist zu riskant.

Zurück im Deutschen Haus

Dazwischen kam ein Unglück, das sie aber nur wenig aus der Bahn warf. Feuer. Adeles Obdach im Österreichischen Hof fand ein Ende. Im März 1870 loderten im Hinterhaus die Flammen, drohten bald schon auf das Vorderhaus überzugreifen, und Adele und Emilie zogen mit den Gulden[60], den Hunden, von den ehemals sechs waren nur noch vier übrig, und der Kaffeemaschine wieder ins Deutsche Haus. Herr Fränkel, der Wirt des Deutschen Hauses, der ihr ein Jahr zuvor noch die Tür gewiesen hatte, staunte nicht schlecht, als die kleine Gesellschaft in Schlafrock, Pantoffeln und Hut mit langer Feder spätabends bei ihm auftauchte. »Herr Fränkel, richten Sie mir zwei Zimmer im zweiten Stock, es brennt«[61], rief sie gravitätisch und stieg gemessenen Schritts die Stufen nach oben. Auch zum Wirt Fränkel hatte sich die neu gewonnene Liquidität der Adele Spitzeder rumgesprochen, sie war ja auch zu sehen, und so war Adele Spitzeder wieder Gast in zwei Zimmern in der Dienerstraße. »Oben angekommen setzte ich mich mit großer Gemütsruhe auf das Sofa und qualmte eine Zigarre, während sich meine Dienerin[62] dem Geschäfte der Hundefütterung widmete.«

Das Geschäft mit dem Geld blühte, auch in den neuen Räumlichkeiten bei Fränkel im Deutschen Haus, und die »Leute brachten nun von allen Seiten das Geld in Körben und Säcken herbei«[63]. In der Zwischenzeit konnte sie es sich erlauben, den Monatszins auf 8 Prozent herabzusetzen, ohne dass der Zustrom dadurch geringer geworden wäre. Weiterhin wurden die Zinsen auf zwei Monate im Voraus ausgezahlt, bei einer Standardlaufzeit von nur drei Monaten. Sie erlaubte auch weiterhin kurzfristige Rückforderungen der Darlehen und zahlte Geld und Zins auch bei unfälligen Wechseln sofort aus. Da dauernd Kunden- und Geldnachschub kam, war dies problemlos möglich und sorgte nur für weitere Kunden, die sich nicht langfristig anderweitig binden konnten oder wollten. Das Geld, das Adele Spitzeders kleinem privaten Geldhaus zufloss, fehlte natürlich anderweitig, vor allem den örtlichen Sparkassen, von denen die Kleinsparer das Geld abzogen.

Die *Münchner Neuesten Nachrichten* ließen indes nicht locker. Diese veröffentlichten schon Mitte 1870, »daß sich im Deutschen Hause zwei Schwindlerinnen befinden, welche den Leuten, namentlich den rechts der Isar wohnenden, das Geld aus der Tasche zu holen suchten.« Und es ging weiter. Sie sammelte weiter Geld, nicht nur Gulden flossen ihr zu, auch Wertpapiere, die ihr als Ersatz für Bareinlagen angeboten, um nicht zu sagen aufgedrängt wurden. Im Deutschen Haus war kein Platz für die Lagerung von Wertpapieren, sie erinnerte sich an ihren ersten Geldverleiher, den alten Freund und Friseur Speier, dessen Salon nun Wertpapierdepot wurde. Anfangs lagerten dort Wertpapiere in Höhe von 300.000 fl., daraus wurden jedoch bald 1.800.000 fl, teils in Wertpapieren, teils in Bargeld. Die Aufsicht führte die Frau des Friseurmeisters, Agathe, die hierfür monatlich 100 fl. erhielt.

Das Heer der Kreditvermittler wuchs. In München herrschte regelrechter Arbeitermangel und Vollbeschäftigung. Wo man noch vor einem halben Jahr leicht Tagelöhner finden konnte, um Holz zu spalten oder Nachrichten zu transportieren, war dies Ende 1870 kaum noch möglich. Die *Dachauer Bank* hatte die Menschen von der Straße gefegt, sie verdienten gutes Geld daran, Kredite an Adele Spitzeder zu vermitteln, manchmal einen ganzen Monatslohn in wenigen Tagen. Das war verlockender als schweißtreibende, schlecht bezahlte Arbeit.

Rath Kummer, beflissen wie immer, gab ihr den Hinweis, sie werde nun für die Steuer interessant, ihr Kredit habe ja gewaltige Dimensionen angenommen. Daraufhin meldete Adele ihr Wechselgeschäft gewerblich an, sandte den Gewerbeausweis, den sie von Rath Kummer bekam, an das Rentamt[64]. Im Begleitschreiben erklärte sie, »daß ich zwar Gelder aufnehme und ausleihe, dieses deshalb aber noch lange nicht als Bankgeschäft betrachte«[65]. Dem Rentamt war dies gleichgültig, Adele konnte und musste ihre Wechsel versteuern, je höher der Kredit, desto höher die Steuern. Das Rentamt hatte seine Freude.

Sie schaffte sich Pferde und Wagen an, das Geschäft ging flott genug, und der Außenauftritt musste mit dem Erfolg mithalten. Andere betrachteten die Geldvermehrung mit Sorge. Karl Billing, Magistratsrat der Stadt München, berichtet Anfang 1871 ausführlich über die Geschäfte der *Dachauer Bank*. Der Bericht Billings führt aus, dass im Jahr 1870 allein die Münchner Sparkassen einen Verlust von 50.000 Gulden gemacht hätten.[66] Eine echte Handhabe gab es nicht, tatsächlich war es den Leuten natürlich erlaubt, ihr Geld zu verleihen, an wen sie wollten. Zeitgleich tauchte ein Inspektor bei ihr auf und erkundigte sich nach ihrem Gewerbeschein. »Wahrscheinlich war der Mann als Kundschafter abgeschickt, um mich bei etwas Unerlaubtem zu attrapieren«[67]. Die Suche nach einem Hinweis auf ein eventuell illegales Verhalten war vergeblich. Die Gewerbeanmeldung war erfolgt, die Meldung beim Rentamt ebenso. Der Inspektor zog unverrichteter Dinge wieder ab.

Aber Kritik war Adele Spitzeder nicht willkommen. Wieder handelte sie sofort. Ein Besuch Spitzeders bei Alois von Erhardt, dem damaligen Ersten Bürgermeister der Stadt München, brachte jedoch nicht den erhofften Erfolg, Karl Billing zurückzupfeifen. Das Misstrauen bei den Honoratioren der Stadt war spürbar. Die *Münchner Neuesten Nachrichten* behielten sie im Auge und stellten die Redlichkeit der *Dachauer Bank* weiterhin in Frage, der Rat der Stadt ebenfalls. Es hatte sich auch herumgesprochen, dass der Bürgermeister sein blindes Vertrauen nicht aussprechen wollte. Gerüchte machten die Runde, von alten Schulden aus der Schweiz, aus Hamburg, bei Juden. In der Folge waren dann tatsächlich Anleger verunsichert, und die Spitzeder'sche Privatbank kam erstmals ins Wanken, als »eine wahre Sturmflut von Personen an mich heranbrauste, um ihr dargeliehenes Geld zurückzufordern«[68]. Gulden um Gulden flossen ab, massenhaft forderten Anleger auch ihr Geld aus unfälligen Wechseln zurück. Es wurde eng. Die Barmittel schmolzen zusammen, sie überlegte, wie lange sie sich noch retten konnte. Wenn sie das Oberföhringer Gut verkaufte, könnte ihr das noch ein paar Tage Zeit geben. Doch so heftig, wie das Misstrauen über sie hereingebrochen war, so abrupt endete es. Die zuverlässigen Zahlungen hatten die Zweifel ausgeräumt. Natürlich konnte ja keiner wissen, dass es Spitz auf Knopf stand, noch ein paar mehr Forderungen, und alles wäre in sich zusammengebrochen. Adele Spitzeder hatte im frühen Frühjahr 1871 jedoch noch genügend Barmittel und Kredit, um sich zu retten. Das Geld floss langsam zurück. Die Leute waren mehr denn je von der Glaubwürdigkeit der Adele Spitzeder überzeugt. Die Einzahlungen wuchsen wieder an. Einen der für sie tätigen Rechtsanwälte, den Advokaten

Harter, schickte sie nach Zürich, um die aus ihrem dortigen Gastspiel noch offenen Schulden von 900 fl. zu tilgen. Harter zahlte dem Gläubiger, der sicher schon nicht mehr mit seinem Geld gerechnet hatte, 450 fl. Für seine Bemühungen hierum bekam er ein Reitpferd von Adele Spitzeder geschenkt. Bald darauf legte er seine Tätigkeit für sie nieder. Ihre früheren Kreditvermittler Franz Silchinger und Josef Weber aber stellte sie zu großzügigem Gehalt ein. Wer zu viel weiß, den behält man besser in der Nähe. Das galt auch für Betty Winter, deren Mann gestorben war, deren eigene Theateragentur nicht recht ins Laufen kam und die ihre Leidenschaft für Zigarren teilte. Da bot es sich an, dass Adele jemanden suchte, der ihr lästige Schreibarbeit abnahm, damit sich Adele verstärkt darum kümmern konnte, neue Kunden zu gewinnen. Betty Winter übernahm das Führen des Adressbuchs und trug die Namen und Anschriften der Anleger und Schuldner ein.

Der Münchner Zeitungskrieg

Die *Dachauer Bank* war nah am Abgrund gestanden. Die Artikel der *Münchner Neuesten Nachrichten* und die Kritik des Magistrats Billing durften nicht unwidersprochen bleiben. Also verfasste Adele folgende Erklärung:

»Daß ich auf rein persönliches Vertrauen Gelder aufnehme, dieselben an andere zum Teil wieder ausleihe, und daß ich hiermit jedermann öffentlich auffordere, mich gerichtlich oder öffentlich in der Presse zu belangen, wenn man durch mich irgendwie benachteiligt oder bewogen worden wäre, Darlehen bei mir anzulegen«[69]. Nicht zwei Personen, sie allein sei diejenige, die Gelder annehme und ausleihe. Angriff ist die beste Verteidigung. Die Erklärung wurde als Anzeige in sämtlichen

Münchner Blättern geschaltet, nur die *Münchner Neuesten Nachrichten* weigerten sich, diese Stellungnahme abzudrucken.

Die Gegnerschaft der linksliberalen *Münchner Neuesten Nachrichten*, ihres Herausgebers Julius Knorr und deren Chefredakteur August Napoleon Vecchioni waren Adele also nun ausreichend bekannt. Sie ging auch persönlich zu Vecchioni und stellte ihn zur Rede. Der aber gab »die Antwort, ich solle ihn nur verklagen«[70]. Und dass journalistisches Herumkritteln an fehlenden Sicherheiten und unseriösen Geschäftsmodellen die *Dachauer Bank* sie mittelfristig wieder in ernste Schwierigkeiten bringen könnte, war ihr auch bewusst. Überhaupt: Die *Neuesten Nachrichten*! Diese »fuhren mit eisernem Fleiße fort, sich in vulkanischen Ausbrüchen gegen mein Tun und Treiben auszulassen. Die Redaktion dieses Blattes schien es sich überhaupt zur Aufgabe gemacht zu haben, mich ausspionieren zu lassen, um ihren Lesern stets pikanten Stoff vorsetzen zu können.«[71] Adele nahm den Kampf mit verschiedenen Mitteln auf. Eines Tages erschien bei Vecchionis Schwester eine Frau Weigenthaler, was wohl nicht ihr echter Name war, mit 2.000 Gulden in der Tasche. Bedenkt man, dass das Monatsgehalt eines Redakteurs etwa. 100 fl. betrug, so war das eine gewaltige Summe. Das Ansinnen war klar. Die Anwürfe mussten aufhören. Vecchioni ging darauf jedoch nicht ein, Frau Weigenthaler musste ihr Geld wieder mitnehmen und die *Münchner Neuesten Nachrichten* berichteten weiter kritisch und gingen ihr auf die Nerven. Ein treuer Anhänger und Anleger ihrer Privatbank, Johann Kastner, hatte das dringende Bedürfnis, die Anwürfe der *Neuesten Nachrichten* zu rächen. Er lauerte Vecchioni auf und ohrfeigte ihn. Als Dank bekam er eine Stelle als Wechselstempler.

Jene, die der *Dachauer Bank* neue Kunden brachten, mochte ihre Funktion Hintermänner, Kreditvermittler, Aufleger, Zuträger oder wie auch immer sonst genannt werden, waren nicht zimperlich, wenn es darum ging, Bedrohungen aus dem Weg zu räumen. In den Redaktionsräumen der *Neuesten Nachrichten* landeten zahlreiche Drohbriefe. Den Redakteuren wurde angekündigt, wenn sie ihre Angriffe nicht einstellten, würden sie in den nächsten Tagen erschossen, erstochen, aufgehängt, in Petroleum ertränkt, zwischen zwei Brettern durchgesägt, am langsamen Feuer geröstet usw.

Dann machte sie sich die finanziellen Schwierigkeiten des *Volksboten*[72] zunutze. Der *Volksbote* wurde seit 1848 von Ernst Zander, einem aus Mecklenburg stammenden und zum Katholizismus konvertierten Konservativen herausgegeben. Interessant war aber vor allem, dass der *Volksbote* das katholisch-konservative Gegengewicht zu den liberalen *Münchner Neuesten Nachrichten* und in München ähnlich verbreitet war. Der *Volksbote* hatte seine Macht schon einmal bewiesen, als er nämlich in den 1860er-Jahren maßgeblich dazu beigetragen hatte, Richard Wagner aus München zu vertreiben. Als Karl Zander, Sohn des Ernst Zander, der in die Schweiz fliehen musste, als seine antipreußischen Ausfälle der Münchner Regierung zu weit gingen, die Leitung übernahm, verschlechterte sich die Lage der Zeitung zusehends. Ab 1869 war der *Volksbote* in 213 Prozesse verwickelt.[73] Die finanzielle Schieflage machte eine schnelle Geldspritze notwendig, und niemand war für ihre unkomplizierte Großzügigkeit besser bekannt als Adele Spitzeder. Zander war sie ja schon durch ihre großzügig bezahlte Anzeige persönlich bekannt. Also nahm er einen Kredit in Höhe von 13.000 fl. auf, und Adele bekam eine Zeitung mit großer Verbreitung an die Hand, die sie und ihre *Dachauer Bank* »unaufgefordert«[74] verteidigte, und der *Volksbote* sicherte sich sein Überleben. Der *Volksbote* fuhr seit der Geldspritze verstärkt Angriffe auf die antikatholische, projüdische und liberale Haltung der *Münchner Neuesten Nachrichten*. Jeder Artikel der *Neuesten Nachrichten*, der sich kritisch mit dem Geschäftsgebaren und dem dahinterstehenden Geschäftsprinzip der Adele Spitzeder befasste, wurde sofort erwidert. Diese Rückendeckung der katholischen Presse passte ihr genau ins Konzept.

Und Adele gewann einen neuen Verbündeten: Das *Bayerische Vaterland*. Der Journalist Johann Baptist Sigl, ehemaliger Benediktinernovize mit abgebrochenem Theologiestudium, gab seit 1869 eine katholische Tageszeitung dieses Namens heraus. Zuvor war er bei Zanders *Volksboten* tätig gewesen. Die Machthaber Preußens waren für ihn »die blutigen Mörder von 1866«.[75] Er war als Korrespondent des *Volksboten* auf dem Schlachtfeld Augenzeuge gewesen. Mit dem Münchner Erzbistum lag er im dauerhaften Clinch, denn dieses kam nach Sigls Auffassung den liberalen Kräften im Lande viel zu weit entgegen. Der Münchner Erzbischof Anton von Steichele riet in der 1880er-Jahren von der Lektüre des *Bayerischen Vaterlands* sogar ausdrücklich ab. Mit Georg Ratzinger, dem Großonkel des späteren Papstes Benedikt XVI., gründete Sigl 1892 den *Bayerischen Bauernbund*. Sigl kann auch als Urheber des Begriffs »Saupreiß« gelten, den er im Bayerischen Vaterland gern und oft gebrauchte.

Zu Sigls Lieblingsgegnern gehörten die *Münchner Neuesten Nachrichten*, er nahm gerne jede Gelegenheit wahr, gegen diese zu feuern. Und die Verteidigung der Adele Spitzeder, die bei den kleinen Leuten durchaus beliebt war, kam da natürlich gerade richtig. Spitzeder und Sigl trafen sich auch kurz darauf, ein vertieftes Interesse an Adele Spitzeder und ihrer Tätigkeit hatte Johann Baptist Sigl aber nicht. Seine Themen waren Preußenhass, die bayerische Unabhängigkeit und die Treue zu Rom. Mit der weitgereisten und internationalen gebürtigen

Berlinerin Adele Spitzeder hatte er wenig gemein. Verbrau-
cherschutz oder Volksaufklärung lagen nicht in seinem Interesse. Sigl und Spitzeder benutzten sich gegenseitig. Sie nutzte
die Fürsprache Sigls, wenn er sie gegen Kritik der *Münchner
Neuesten Nachrichten* und liberaler hoher Herren verteidigte, er
nutzte sie, um sich als Verteidiger des gesunden bayerischen
Volksempfindens darzustellen. Allerdings ließen seine Angriffe oft jedes Maß und jede Verhältnismäßigkeit vermissen. Das
war dann sogar Adele Spitzeder manchmal zu viel. Nicht, dass
sie Sigl nicht zugestimmt hätte. Aber in der Rolle der Gehetz-
ten und Verfemten fühlte sie sich wohler als in der Rolle der
Angreiferin. Sie hatte einen Ruf zu verteidigen und ein Bild
zu bewahren. Johann Baptist Sigl scheint wirklich der einzige
Überzeugungstäter gewesen zu sein und das *Bayerische Vaterland* das einzige Blatt, das kein Geld von Adele Spitzeder angeboten bekam.

Allgemein waren katholisch-konservative Blätter gut auf Adele
Spitzeder zu sprechen. Die *Augsburger Postzeitung* diffamiert
»linksliberale Kritik als ›großartigen Schwindel der Berliner
Juden‹«.[76] Die Debatte wurde ideologisch. Adele Spitzeder
wurde so zur Speerspitze katholisch-konservativer Kreise gegen ein vermeintlich jüdisch-liberales Deutschland.

Doch *Volksbote* und *Bayerisches Vaterland* waren nicht die einzi-
gen Verbündeten im Kampf gegen die Meinung der *Münchner
Neuesten Nachrichten* und der Obrigkeit. Der *Süddeutsche Tele-
graph* war eigentlich ein liberales Abendblatt, dessen Verleger
Kellerbauer in finanzielle Schwierigkeiten geriet und ein Darlehen bei Adele Spitzeder aufnahm. Als er dies nicht zurückzahlen konnte, übertrug er die Eigentumsrechte am *Süddeutschen
Telegraphen* an Spitzeder, und Kellerbauer wurde als Redakteur
für 100 fl. monatlich angestellt.

Auch die *Neue Freie Volkszeitung*, ein echtes Revolverblatt, wechselte so den Besitzer. Schon 1870 lernte sie deren Verleger Julius Marchner kennen. Er pumpte sie zunächst um 95 fl. an, im Gegenzug erzählte er ihr »eine Unmasse von Stadtklatsch.«[77] Marchner hatte sein Ohr ganz nah am Volk, »spionierte auch herum und hinterbrachte mir alles, was die Leute über mich sagten.«[78] Marchner wusste viel, überbrachte die Botschaften flott und zuverlässig, schob dabei mal den einen, mal den anderen Mundwinkel nach oben, stand dabei sehr ärmlich da, mit seinem fadenscheinigen Rock und dürr. Als es Zeit war, die 95 fl. zurückzuzahlen, tauchte er erst einmal unter, dann wieder auf, mit einer neuen Publikation unter dem Arm, dem *Extrablatt*, darin einige schwülstige der edlen Adele gewidmete Gedichte. Betty Vio war ganz entzückt, dass da einer so nette Sachen über ihre Tochter schrieb, Adele hatte gerade mehrere Millionen Gulden zur freien Verfügung, da bestand sie nicht auf Rückzahlung, sondern sah die Chance, ein zusätzliches verbündetes Blatt auf dem Zeitungsmarkt zu bekommen. Marchner wurde neu eingekleidet, bekam eine goldene Uhr und ein Essen, außerdem ein weiteres Darlehen, diesmal in Höhe von 3.000 fl., um eine Buchdruckerei anzuschaffen. Er strotzte vor Dankbarkeit. »Ich würde mich glücklich schätzen, Fräulein Spitzeder, täglich Ihre Schuhe putzen zu dürfen!«, schrieb er. Aber Dankbarkeit zahlt keine Schulden, die 3.095 fl. konnte er natürlich nicht zurückzahlen und die *Neue Freie Volkszeitung* und das *Extrablatt* gingen in Spitzeders Besitz über. Marchner blieb Redakteur und erhielt monatlich 100 fl. Den Spitzeder'schen Konkurs überstand die *Neue Freie Volkszeitung*. Sie erschien bis zum Zweiten Weltkrieg.

Noch sicherer allerdings schien es ihr, einfach selbst eine Zeitung zu gründen. Also rief sie das *Münchener Tageblatt* ins Leben. Karl Zander vom *Volksboten* empfahl ihr den Schriftsteller Faißt, der für ein Monatshonorar von 100 fl. als Chefredakteur diente und Lobeshymnen schrieb. Betty Winter, alte Freundin und Adressbuchschreiberin der beinahe ersten Stunde, übernahm die Geschäftsführung. Die Zeitung war schnell relativ erfolgreich und hatte bald einige Tausend Abonnenten. Und so hatte Adele Spitzeder die veröffentlichte Meinung zu einem großen Teil hinter sich, sei es aus Abhängigkeit oder aus Loyalität.

Der von den Münchnern aufmerksam verfolgte Zeitungskrieg der *Münchner Neuesten Nachrichten* gegen das Spitzeder'sche Zeitungsimperium trieb besondere Blüten. Denn eines Tages stand unangemeldet ein junger Mann vor Adele Spitzeder, der sich als Theophil Bösl, Chefredakteur des *Freien Landesboten,* vorstellte. Der *Freie Landesbote* hatte sich bisher um das Spitzeder'sche Geschäfte kaum gekümmert, weder für noch gegen sie Partei ergriffen. Aber nun, so Bösl, sei es doch Zeit, hierzu etwas zu schreiben. Er habe da schon einen Artikel im Sinne, denn diese Unterstellungen der *Neuesten Nachrichten,* nein, die könne er nicht mehr unwidersprochen lassen. Er habe auch schon einen Artikel im Kopf. Das vorsichtige Kennenlernen ging hin und her, man wurde persönlich, und Bösl berichtete in einer Randbemerkung von großer Pein, die gerade auf ihm laste. Er habe eine Ehrenschuld, könne diese aber nicht begleichen. Da half Adele Spitzeder immer, »ich willfahrte dem Verlangen dieses Menschen schon deswegen, um ihn loszuwerden«[79]. Die weitere Besprechung wurde auf den nächsten Tag verschoben. Da Adele etwas dazwischenkam, schickte sie Josef Weber, ihren ehemaligen Kreditvermittler, in die Redaktion des *Freien Landesboten,* um Theophil Bösl abzusagen. Doch welche Überraschung: Weber traf auf Bösl, sagte ihm auch ab, der aber war erstaunt und »nicht wenig entrüstet«, er kenne Fräulein Spitzeder ja gar nicht, er habe sie noch nie besucht.

Adele war alarmiert. Sie bat den befreundeten Polizeischutz-
mann Weißbart, sie zur vom angeblichen Bösl angekündigten
Zeit zu besuchen. Weißbart war da, Adele stellte ihn als ihren
Onkel vor, der vermeintliche Theophil Bösl sich als der echte
Theophil Bösl, dem Spuk wurde durch den Polizeiausweis des
Weißbart ein Ende gemacht und der falsche Bösl »knickte wie
ein Taschenmesser zusammen«[80]. Adele klärte den richtigen
Bösl auf, beide lernten sich kennen, er wusste ihre Tatkraft zu
schätzen, die sein Alter Ego so schnell überführt hatte. Adele
griff dem *Freien Landesboten* unter die Arme. Es flossen 14.000
fl., und er gab die schriftliche Versicherung ab, datiert auf den
12. September 1872, »in seinem Blatte nicht feindlich wider
mich aufzutreten«. Bösl hatte damit seine Journalistenseele
verkauft, er erklärte dies sogar für eventuelle Nachfolger als
verbindlich. 12.000 fl. hatte er für den Kauf eines Hauses ge-
braucht und 2.000 fl. zur freien Verfügung.

Der falsche Bösl stand vor Gericht, Adele war Zeugin und musste sich dessen Anschuldigungen erwehren, dass sie ihn gegen
seinen Willen geküsst hätte, »eine entsetzlich dumm-dreiste
Behauptung, über die ich nur lachen konnte. Abgesehen hiervon müssen meine Küsse doch etwas sehr Interessantes an
sich gehabt haben, denn man forschte sehr eingehend hierüber
nach.«

Die Loyalität des *Freien Landesboten* war viel wert. Denn nun
hatte sie die Zeitung in der Hand, die auf dem Land der Mei-
nungsmacher Nummer eins war. Adeles Bekanntheit und ihr
Kredit bei der Landbevölkerung wuchsen nun nicht nur mehr
durch Mundpropaganda. Die tägliche Zeitung lobte sie in den
höchsten Tönen. Ihr Kundenkreis wuchs beträchtlich, im Vor-
alpenland, in Schwaben, in Niederbayern und nördlich bis weit
hinter Ingolstadt. Die Züge nach München waren voll, voller

Anleger, die ihr Geld der hochgelobten, bescheidenen, katholischen Adele anvertrauen wollten. Theophil Bösl hatte ja nun ein ureigenstes Interesse, Adele Spitzeder viele Kunden zuzuführen. Denn hätte er einmal gegen seine Verpflichtung verstoßen und kritisch über sie oder ihre Bank berichtet, dann hatte er sich verpflichtet, die Summe sofort und ohne Einrede zurückzuerstatten. Adele Spitzeder war aber gründlich in ihrer Loyalitätssuche. Denn eine andere Quittung weist auch den Inhaber des Annoncenbüros als Geldempfänger aus. 300 fl. bekam dieser dafür, keine für das Spitzeder'sche Geldgeschäft irgendwie nachteiligen Anzeigen anzunehmen oder zu verbreiten.

Alfred Jochner, hochgewachsen und hager wie der Tod, war Herausgeber des »nicht viel gelesenen, aber dafür umso langweiligeren«[81] Puck. Der Puck war eine wöchentliche Literaturzeitschrift, die immer montags herauskam. Ihre finanzielle Lage war desaströs, Jochner war Eigentümer und einziger Redakteur. Der momentanen Verlegenheit halber ersuchte er Adele Spitzeder um eine kleine finanzielle Hilfe, die sie ihm in Höhe von vorläufig 100 fl. auch gewährte. Mit Grandezza und weißem Handschuh akzeptierte Jochner die Gabe. Nach und nach erhöhte sich die Summe auf 8.000 fl., gegeben mit dem Hinweise »seine Feder nicht in beschimpfender Weise gegen mich zu gebrauchen.«[82]

Als dann nach dem Zusammenbruch der Bank die Gantkommissäre die Forderung beim chronisch klammen Jochner einzutreiben versuchten, fühlte er sich an dieses Versprechen nicht mehr gebunden und berichtete ausführlich und nicht gerade schmeichelhaft über Adele Spitzeder. Den Konkurs der Spitzeder'schen Privatbank überlebte auch der Puck nicht lange, er wurde Ende 1872 eingestellt. Aber noch war es nicht so weit. Die Privatbank der Adele Spitzeder gedieh prächtig.

Schönfeldstraße

Dem Wirt des Deutschen Hauses, Fränkel, dessen Zimmer Adele und ihre Gläubiger seit nunmehr einem Jahr bewohnten, war es – mal wieder – wie eigentlich schon lange viel zu bunt geworden, egal wie positiv der *Volksbote*, der *Freie Landesbote* oder das *Bayerische Vaterland* berichteten. Jeden Tag stürmte eine Menge Menschen den Gasthof, die Geld einzahlen, Zinsen abholen oder Wechsel ausgezahlt bekommen wollten. Adele Spitzeders Bedienstete eilten hin und her, heraus und herein, und versuchten, eine Ordnung aufrechtzuerhalten, was nur selten gelang. Die Wirtsstube des Deutschen Hauses und die Treppe zu ihren Zimmern glichen einem Jahrmarkt. Und nachts war auch keine Ruhe. Emilie und Adele stritten sich lautstark. Und eines Nachts, erinnerte sich der Oberkellner später im Prozess, war ein solches Geschrei zu vernehmen, dass alle Gäste aufrecht in den Betten saßen. Verstanden habe er es nicht, denn es sei leider auf Französisch geschrien worden. Jedenfalls sei dann die Tür aufgesprungen, Emilie in voller Montur, Mantel und Tasche darin gestanden und dann die Treppe herabgestürmt. Adele im bunten Morgenmantel, dahinter, keifend, drohend, die Umstehenden beschimpfend, schlug die Tür wieder zu. Dann war Ruhe. Emilie ward nicht mehr gesehen.

Adele litt darunter. Verkroch sich im Bett. Wütend auf die Welt, einsam, verlassen. Langsam und vorsichtig klopften die Leute an, wollten ihr Geld loswerden, einige wenige wollten Zinsen abholen oder Wechsel einlösen. Aber Adele war kränklich. Konnte nicht aufstehen. Konnte nicht funktionieren. Die Leute waren bestürzt. Ihre arme Spitzeder, die so leiden musste. Sie umsorgten sie, stürmten auf sie ein, weinten und litten mit ihr, weinten und litten, dass sie ihr Geld nicht loswurden, pflegten sie, behüteten ihre arme Spitzeder, die sich langsam erholte, sich aufrichtete, neue Kraft fand, Wechsel auszahlte, mehr Geld annahm. Die Leute waren wieder glücklich.

An einen normalen Hotelbetrieb war jedenfalls nicht mehr zu denken, in Ruhe essen oder trinken konnte auch schon lange niemand mehr. Ein Jahr wohnte Adele Spitzeder nun schon im Deutschen Haus und ihre Handlanger und Helfer, ihre Kunden und Gläubiger wurden täglich mehr.

Im Hinterhof des Deutschen Hauses hatte ein Schlosser seine Werkstatt. Dieser fing früh an zu arbeiten, Fränkel unterstützte ihn da durchaus, denn ein ausgesprochener Morgenmensch war Adele Spitzeder nicht gerade. Schlosserarbeiten, so fein sie sein mögen, machen Lärm. Adele, zahlender Gast mehrerer Zimmer, beinahe täglich hierdurch aus dem Schlaf gerissen, stellte also Fränkel das Ultimatum: Der Schlosser oder sie. Fränkel brauchte nicht lange zu überlegen. »Der Schlosser ist mir lieber als Sie!«[83] Empörend war das, und natürlich konnte eine Adele Spitzeder sich eine solche Behandlung nicht bieten lassen. Sie packte ihre Koffer, ihr Geld, ihre Hunde und zog am 1. Oktober 1871, nach einem Jahr Obdach im Deutschen Haus, bei Regen und Wind schließlich an der Residenz und dem Hofgarten vorbei in ihr eigenes soeben erworbenes Anwesen in der Schönfeldstraße 9.

Das Haus Schönfeldstraße 9, unweit dem Odeonsplatz in bester Münchner Lage zwischen Ludwigstraße und Englischem Garten, war bereits möbliert. Im Obergeschoss richtete sie ihre Privaträume ein, ins Erdgeschoss zog die *Dachauer Bank* mit dem Herzstück, dem Auszahlungszimmer. An die Haustüre kam eine Messingplatte:

Adele Spitzeder
Privatière
Sprechstunden von 1–2 Uhr

»Hinter dem Hause, woselbst lauter eiserne Fensterläden sich befanden, war ein großer schöner Garten, zur ebenen Erde befand sich das Auszahlungszimmer. Dasselbe hatte ein Vorzimmer, in welchem sich ein großer Tisch, eine Kopiermaschine, ein Schreibtisch nebst Strohstuhl und Papierkorb befanden. – Dies war das Kabinett meines Privatsekretärs. Im Auszahlungszimmer stand gleichfalls ein Schreibtisch für einen meiner Controleure, auf jenem Tisch lag stets das Strafgesetzbuch und Wechselstempelbuch zur Einsicht bereit, um mich vor Betrug sichern zu können. Schien mir nämlich eine Person verdächtig (und es kam oft vor, da viele Personen ihre Gelder auf andere Namen eintragen ließen), so bekam dieselbe von mir die betreffenden Artikel in feierlichstem Predigttone zu hören, und manche wurden abgeschreckt, als ich ihnen die diesbezüglichen Strafen auf Betrug, Erpressung oder gar Diebstahl vorgelesen hatte.

Die Mitte des Zimmers war durch ein eichenes Gitter abgeteilt, und hinter diesem Gitter war ein großer mit Wachstuch überzogener Tisch aufgepflanzt, auf welchem die Gelder zum Auszahlen gezählt wurden, und daneben stand ein kleiner Tisch mit dem Quittungsbuch, in welchem die Leute die Zurückgabe ihrer Kapitalien bestätigen mußten. Auf der anderen Seite stand wieder ein kleiner Tisch, und vor diesem saß der erste Controleur, welcher die bezahlten Wechsel in Empfang nehmen und einen kleinen Riß zum Zeichen der Ungültigkeit hineinmachen mußte. Die Wechsel wurden sodann zusammengebunden und aufbewahrt. Beim Zahltische thronte auf einem Podium einer meiner drei Zahlmeister, während wieder an einem anderen Tische sich mehrere Geldsortierer sich breit machten. Vor der Türe meines Auszahlungszimmers, vor dem Vorzimmer und auf dem Hofe vor der Eingangstüre in meine Wohnung war je ein Bediensteter aufgestellt, und auch vor dem oben erwähnten Gitter hielten zwei Mann Wache. Alle diese Leute hatte ich unumgänglich notwendig, um dem immensen Menschenandrange gegenüber Ordnung zu halten«[84].

Sie war wieder gezwungen, neue Leute einzustellen. Aus dem Dreifrau-Betrieb Emilie Stier, Betty Winter und Adele Spitzeder waren längst über 20 Leute geworden, nur Emilie war auf dem Wege verloren gegangen.

Die Auszahlungsmodalitäten und wie es überhaupt zuging

Im ersten Obergeschoss, in ihren Privatgemächern, in ihrem Schlafzimmer befand sich ein Wandschrank. In diesem Wandschrank bewahrte Spitzeder Silbergeld auf. »Dieser Verschlag war zuweilen dergestalt angefüllt, daß der Boden zu brechen drohte«[85]. Außerdem lagerten dort die Schuldscheine. Ihr Geldverleih war lebhaft. Zum Zeitpunkt der Verhaftung befanden sich dort Schuldscheine im Wert von einer Million Gulden, die der Gantmasse zufielen. Überall in den Fluren und Gängen waren Plakate angeschlagen und die kritischsten Artikel der *Neuesten Nachrichten* aufgehängt, um zu beweisen, dass man vor solcherlei Geschreibsel keine Furcht habe.

»Im Hausflur machte sich ein breitschultriger Portier geltend, welcher an die ankommenden Personen die Frage richtete: ›Wollen Sie Zinsen oder Kapital?‹, und je nach der erfolgten Antwort dirigierte er die Marschroute der Leute. [...] Vor der Haustür stand wiederum ein Portier, und dieser trug wie überhaupt alle meine Türsteher und Unterbediensteten, eigene Livree, um sie von den Geldanlegern unterscheiden zu können. Neben dem Auszahlungszimmer befand sich die Wohnung meines Hausmeisters, auf der linken Seite des Hauses wurden die Gelder angenommen und ausgezahlt. Verschiedene Plakate kennzeichneten die Lokalitäten, damit jeder sich orientieren konnte.

Das eine besagte z. B. ›Alle Beschwerden über mein Dienstpersonal hat man mir persönlich vorzutragen‹, ein anderes: ›Die fälligen Wechsel werden täglich ausbezahlt.‹ Später in den Sommermonaten wurde ein weiteres Plakat in dem Hausflur angeschlagen, welches kund und zu wissen tat, daß meiner geschwächten Gesundheit halber an Samstagen, wie auch an Sonn- und Feiertagen, keine Geschäfte abgeschlossen würden. [...]

Die Zeit, während der Leute, welche Kapitalien bei mir zurückverlangten, eingelassen wurden, hatte ich der Ordnung halber von 8–10 Uhr angesetzt. Schlag 10 wurde abgesperrt, und alle diejenigen wurden nun ausbezahlt, welche sich in meinen Räumlichkeiten eingefunden hatten. Diese Maßregel war wegen des Andranges von Geldanlegern unumgänglich notwendig. [...]

Das Geschäft des Auszahlens dauerte immer bis Mittag 1 Uhr. Erst nach den Auszahlungen wurden auch Einzahlungen in Empfang genommen. Während der Sturm- und Drangperioden fanden sich oft schon um 4 Uhr morgens die Leute vor meiner Haustüre ein, um ihre Gelder abzuholen«[86].

Wahrscheinlich ist es zutreffend, dass Adele Spitzeder »ungleich mehr bedrängt wurde von jenen Leuten, welche ihre Kapitalien bei ... [ihr] anlegen wollten.« Jedenfalls meistens. Diese mussten nämlich manchmal zehn Stunden warten, standen ab 4 Uhr früh vor der Tür, wurden um 8 Uhr eingelassen, mussten die Auszahlungen abwarten, was bis 1 Uhr dauern konnte, bis sie einzahlen konnten. »Nur bei solchen Leuten, welche aus weiter Ferne kommend sich melden ließen und um Abfertigung baten, machte ich eine Ausnahme und ich ließ sie in mein Speisezimmer kommen.«

Jährlich zahlte Adele Spitzeder etwa 50.000 fl. Wechselsteuer, die mittels Wechselstempler auf den Urkunden vermerkt wurde. In der Mitte des Einzahlungszimmers befand sich eine Erhöhung, auf der ein einfacher Lederstuhl stand. Auf diesem thronte Adele Spitzeder und überwachte den Geldzufluss und unterschrieb die Wechsel. Zu ihren Füßen saßen die Wechselschreiber. An ihrer Seite standen zwei Wachleute. An der Wand hing die Inschrift »Tue Recht und scheue Niemand«. Vor diesem Zimmer war das Wartezimmer mit hölzernen Bänken, an dieses wiederum grenzte ein anderes kleines Zimmer, in dem auch zwei Schreiber saßen, die Name und Anschrift der Einzahler notierten. Dies war die *Dachauer Bank.*

Insgesamt ging es nun scheinbar weit professioneller zu als in den Räumen des Deutschen Hauses. Es sah nun eher nach Bank aus, nach echtem Erfolg, nicht mehr nur nach Geheimtipp, der sich von Mund zu Mund rumort hatte. Und Adele tat alles, um den Aufenthalt angenehm zu gestalten, denn enorme Wartezeiten waren normal – und Teil des Geschäftsmodells. Lange Wartezeiten waren ein Signal, dass man eben nicht der Einzige war, der sein Geld der Spitzeder anvertrauen wollte. Lange Wartezeiten machten klar, dass man froh sein konnte, überhaupt an die Reihe zu kommen. Lange Wartezeiten bedeuteten, dass es ein Segen sei, sein sauer verdientes Geld überhaupt der Spitzeder geben zu dürfen. Im Hof ließ sie eine Kapelle aufziehen, die von früh bis nachmittags spielte, um diese Wartezeit zu versüßen. War die Anzahl der Wartenden zu groß, ließ Adele sie im gegenüberliegenden Gasthaus Wilhelm Tell kostenlos bewirten, was sie später vehement abstritt.

Für Ordnung in den überfüllten Gängen sorgte Franz Silchinger, ihr früherer Vermittler von Wucherkrediten, der Mann, der zu viel wusste. Diese neue Beschäftigung lag ihm, auch weil für ihn selbst immer etwas abfiel. »Er ließ sich nämlich von den meisten, welche bei mir Geld anlegen wollten, Trinkgeld unter dem Vorwand geben, daß sie dann eher vorkämen«. Und sie wurde ja tatsächlich regelrecht bestürmt, das Geld anzunehmen, was den offenen Taschen des Franz Silchinger sehr nützlich war. »Erhielt nun Silchinger von diesen Leuten«, von diesen Leuten nämlich, die hofften, die lange Warteschlange überspringen zu können und ihr Geld loszuwerden, »12 Kreuzer, was bei ihm eine Art Taxe gewesen zu sein scheint, so besah er das Geld von allen Seiten und bemerkte dann trockenen Tons, daß er die Inschrift auf diesem Gelde nicht lesen könne; legte man ihm dann noch sechs Kreuzer drauf, so erklärte er, dies könne er schon besser lesen.« Bakschisch wirkt, wer das Geld besonders locker sitzen hat, darf es auch früher loswerden.

Insgesamt war im Ein- und Auszahlungsraum ein solches Chaos, ein solches Durcheinander und es wurde mit solcher Geschwindigkeit gearbeitet, dass Genauigkeit ohnehin nur lästig war und auch gar nicht so wichtig. Da kam es schon mal vor, dass versehentlich 300 fl. statt 30 ausbezahlt wurden. Dass beim Einsacken der üppigen Zinsauszahlungen Geld auf dem Boden landete. Wechselschnippsel, Notizzettel, Kreuzer. Silchinger war ja für die Ordnung des gesamten Untergeschosses zuständig. Sammelte auf, was er fand und machte sich die

Taschen noch voller. Es war egal. Das Geschäft lief. Da durfte schon mal etwas bei anderen hängenbleiben. Irgendwann aber wurde es auch der Spitzeder zu bunt, der Boden war beinahe ein Meer aus Münzen und Wechseln. Sie gab dann den Befehl, »beim Geldzählen mehr acht zu geben, damit keines mehr verloren gehe.« Vergebene Liebesmüh. Geschwindigkeit ging vor. Und Silchinger wusste sich auch zu helfen. Da der Boden, wegen des Schmutzes und Morasts von draußen mit Sand ausgestreut war, bedeckte er einfach die heruntergefallenen Münzen mit Streusand, bis sich die Räume abends geleert hatten und er sie einsammeln konnte. Franz Silchinger, dessen Bestechlichkeit sie kannte und die ihr egal war, schickte Adele abends denn auch in die Wirtshäuser, um ein Auge auf ihre übrigen Bediensteten zu haben. Auch Adele war bewusst, dass diese dort »die teuersten Weine tranken«. Weniger wichtig war ihr, woher sie das Geld hierfür hatten. Hauptsache, am Ende landete bei ihr genug, war auch die Leitung zu ihr voller Löcher.

Im frühen Frühjahr trat nun auch Johann Gröbmaier in ihre Dienste, als der Andrang einmal noch größer als gewöhnlich war. Silchinger konnte die Ruhe kaum aufrechterhalten, kam nicht hinterher mit Einschüchtern, Handaufhalten, Sandausstreuen. Und Gröbmaier, der ja eigentlich nur einzahlen wollte, sah seine Gelegenheit. Er half Silchinger, ordnete, brachte die Menschen zur Ruhe. Spitzeder sah es und es gefiel. »Wenn Fräulein einen Diener brauchen würden, ich ginge gleich zu Ihnen«, so bot er an. Sie nahm an. Stattete ihn mit einer Livree aus, gab ihm ein kleines Gehalt, er zeigte sich fleißig und anständig. Hatte die Aufgabe, die eingezahlten Gelder in Spitzeders Schlafzimmer zu bringen. Redete auf sie ein, sie solle ihren Mitarbeitern mittags nicht so viel Bier ausschenken, dies sei viel zu teuer. Streckte das Bier mit Wasser. Sorgte so für Unmut, Beschwerden prallten aber ab, einer, der ihr Geld

zusammenhält, das hatte die Spitzeder noch nicht erlebt. Gröbmaier lernte. Wurde bissig, widerspenstig. Die Spitzeder empfand das als ehrlich. Verschwand etwas, ein Diamant im Wert
von 500 fl., Obligationen im Wert von 26.000 fl., immer hatte
Gröbmaier jemanden im Verdacht. Legte auch selbst Geld bei
ihr an, zu üppigen Zinsen, legte die Zinsen wieder an und hatte
bald ein Guthaben von 12.000 fl.

Rosa

Die Trennung von Emilie hatte Adele schwer zugesetzt. Per
Annonce suchte sie eine »Gesellschafterin«, ein Code, der
von Eingeweihten durchaus verstanden wurde. Adele war ja
auch eine gute Partie, von den zahlreichen Bewerberinnen entschied sie sich für eine Französin. Aber das ging nicht lange
gut, vielleicht hatte sich Adele auch ausgerechnet die Bewerbe-
rin herausgesucht, die den Code nicht verstanden hatte. Nach
wenigen Wochen musste die neue Gesellschafterin das Haus
in der Schönfeldstraße wieder verlassen. Da traf es sich gut,
dass nebenan Mutter und Tochter Ehinger einzogen. Vor allem
die Tochter Rosa hatte es Adele angetan. Auch sie wollte Schauspielerin werden, Adele nahm sich ihrer an, neben ihren Verpflichtungen, Wechsel zu unterschreiben. Bei einigen privaten
Nachhilfestunden kamen sich beide näher, die inzwischen
40-jährige Adele und Rosa mit zarten 21. Beeindruckt vom Erfolg, gelockt vom Geld, verführt vom Ruch der Spitzeder, zog
sie schon bald bei ihr ein. Rosa, gebürtige Augsburgerin, wurde Adele eine gute Gesellschafterin, bei den Dienstboten und
Gehilfen der Spitzeder hatte sie aber schon bald einen ätzen-
den Ruf. Adele war jedoch bezaubert von der Jugend und war
verliebt in das Gefühl des Verliebtseins. Auch genoss sie es,
Rosa eine neue Welt zu eröffnen. Und Rosa war lernbegierig.

Für sie war die Gesellschaft Adele Spitzeders lukrativ. Die bisher vermögenslose junge Freundin konnte bald Schmuck und Geld anhäufen.

Glaube und gute Werke

»Daß ich eine äußerst generöse Natur bin«[87], wurde Adele Spitzeder nicht müde zu betonen. In ihrer Residenz im Deutschen Haus wurde ja schon an Weihnachten 1870 groß aufgetischt. »Arme Leute, über deren Bedürfnisse ich unterrichtet war, [durften sich] in der Weihnachtszeit zu meinem Diener begeben, und je ein Pfund Kalbfleisch, eine halbe Flasche Wein und ein Laibchen Brot in Empfang nehmen. Ebenso erhielt die Waisenanstalt um dieselbe Zeit von mir jedesmal[88] anonym 50 Gulden zugeschickt«[89]. Sie feilte an ihrer Wirkung. Kleidete sich hochgeschlossen, schwarz, sittsam, unauffällig, fromm. Und umgab sich mit den richtigen Leuten.

Michael Buchele war Pfarrer von Hirtlbach im Kreis Dachau und einer der vielen Kleriker, mit denen Adele ein gutes Einvernehmen pflegte. Pfarrer Buchele »legte mehrere tausend Gulden bei mir an und, da er die Zinsen stets selbst holte, vom Publikum aber nicht gesehen werden wollte, so empfing ich ihn seinem Wunsche gemäß in meiner Wohnung«[90]. Und Pfarrer Buchele bestätigte den Namen *Dachauer Bank*, hätten doch »die Leute seiner Gegend alle ihre disponiblen Gelder bei mir liegen«. Adele besuchte dann im Gegenzug auch auf Einladung hin den Pfarrhof von Hirtlbach, nicht ohne den Hinweis von Pfarrer Buchele, sie möge »gute Zigarren selbst mitbringen.«[91]

Ein namentlich ungenannter Prediger in der Mariahilfkirche, der Pfarrkirche der Münchner Au, war Adele gegenüber weniger leutselig eingestellt. Er hatte von der Kanzel gegen die Geldverleihpraxis der Adele Spitzeder gewettert, was ihr natürlich sofort zugetragen wurde. Das Armenviertel in der Au hatte mittlerweile ganz überwiegend bei der *Dachauer Bank* investiert. Sie beauftragte auch gleich ihren Rechtsanwalt Schamberger, den dreisten Prediger abzumahnen, mit einem Hinweis auf § 187 StGB, dass sie ihn nämlich im Wiederholungsfalle wegen Verleumdung belangen lasse. Und tatsächlich bekam sie von ebendiesem Prediger bald Besuch. Ein Abstecher in die Privatzimmer der Adele Spitzeder im ersten Stock machte den Vorhaltungen ein Ende. Dort lagerte sie ihr Geld und händigte dem Prediger »zu Wohltätigkeitszwecken«[92] 1.000 fl. aus. »Sehen Sie, Hochwürden, so rächt sich eine Christin«, seien ihre Abschiedsworte gewesen. Kritik von der Auer Kanzel war nicht mehr zu hören.

Bei Reparaturen von Kirchen, bei Anschaffungen von Glocken; stets war Adele Spitzeder gefragte Geldgeberin und bereitwillige Spenderin. Die Klosterkirche in der Herzogspitalkirche wurde von ihr mit monatlich zehn Gulden unterstützt, »ebenso das Kinderinstitut in Inzersdorf (sic!) bei Dachau«[93]. Im Kloster Indersdorf, einem ehemaligen Augustiner-Chorherrenstift, hatten die Barmherzigen Schwestern vom heiligen Vinzenz von Paul im Jahr 1856 eine »Kinderverwahranstalt« unter dem Namen Marieninstitut eröffnet, das bis 1938 bestand.

Umso schmerzlicher war, dass der Münchner Erzbischof Gregor von Scherr kurz vor Weihnachten 1871 Adele Spitzeder in einem Hirtenbrief ins Visier nahm. Dies wurde von den *Münchner Neuesten Nachrichten* natürlich begierig aufgenommen, zeigte sich Adele doch gern als besonders kirchennah. Das bischöfliche Schreiben wurde in den Zeitungsräumen in der Sendlinger Straße öffentlich ausgestellt.

Am Tag nach der Veröffentlichung des Hirtenbriefs, ein toten-
stiller Dezemberabend in der Schönfeldstraße, erreichte Adele
die Nachricht, dass die *Münchner Neuesten Nachrichten* den Hirtenbrief des Erzbischofs abdruckten. Adeles Nachbar, ein Herr
von LaRoche, Kunsthändler, kam herübergestürzt. Er hatte
allen Grund, sich um Adele Sorgen zu machen, war sie doch
eine seiner besten Kundinnen. Bis zu 5.000 fl. zahlte sie pro
Gemälde. Sie solle alle Fensterläden schließen, weil die Fenster
sonst eingeworfen werden könnten. »Im Gegenteil«[94], wider-
sprach Spitzeder. Sie öffnete alle Fenster, stellte sich an ein offenes Fenster und wartete. Aber niemand kam. Adele erkältete
sich und bekam Bettruhe verordnet. Gegenüber, im Gasthaus
Wilhelm Tell aber, versammelte sich eine Menge Solidarischer,
die ihr ans Krankenlager ausrichten ließen, dass sie »ihre Ent-
rüstung und ihr Bedauern über den erzbischöflichen Erlaß und
dessen Ausbeutung ausdrücken wollten.« Die Leute wurden
einzeln vorgelassen, wünschten gute Besserung und kurze Zeit
später erschien in Sigls *Volksboten* ein Inserat, in dem alle an
diesem Abend Anwesenden mit ihrer Unterschrift bestätigten,
»daß sie ihr Geld der Adele Spitzeder freiwillig gäben und daß
sie kein Mensch hiervon abhalten könne«[95].

Von je weiter oben der Druck kam, umso stärker identifizierten
sich die Menschen mit der Bedrängten. Und sie feilte weiter
am Bild der stillen, bedrängten Helferin. »Bedürftigen Studenten gab ich monatliche Unterstützungen«[96] und dabei war sie
voller Bescheidenheit, denn »ich selbst gab überhaupt nur in-
direkt und verbat mir jede Lobpreisung.«[97]

Gerüchte gingen durch die Stadt, Adele Spitzeder hätte geheime
Hilfsquellen. Die Jesuiten hätten ihr 18 Millionen Gulden gege-
ben, diese befänden sich im Keller der Schönfeldstaße. Sie wäre
Geldgeberin der Habsburger, Geldgeberin König Ludwigs II.

Die Geschichten wurden immer irrer. Sie trieben ihr nur noch mehr Leute zu.

Anfang 1872 bekam sie von einem Bettelmönch ein großes Kreuz an einem Anhänger geschenkt, das sie von nun an immer zur Schau stellte. In den Zimmern der Bank wurden Heiligenbilder aufgehängt, damit auch ja jeder die Frömmigkeit der Hausherrin bewundern konnte. Allgemein galt sie als Wohltäterin und Bankerin zum Anfassen. Das machte wohl einen Großteil des Erfolgs aus. Anstatt einer anonymen Gesellschaft und Firma konnten die Anleger ihr Geld einem echten, leibhaftigen Menschen anvertrauen, der präsent war und sich um die Kunden kümmerte. Da der Andrang so groß war, blieben Wartezeiten nicht aus. Diese Wartezeiten wurden aber mit 2 fl. vergütet. Da sagte niemand nein.

Ihre Präsenz war spür- und hörbar. Freundlich war sie nicht zu ihren Geldgebern. Vielmehr ruppig, grob und unhöflich. Mit einfachen Menschen muss in einfacher Sprache gesprochen werden. Sie schritt durch ihre Räume, majestätisch, fromm, bescheiden, herrschsüchtig, hochgeschlossen. Distanz zieht an. Ihr wurde Platz gemacht. Von Mütterchen, kräftigen Männern, Kindern, Vorlauten und Schüchternen. Wer nicht schnell genug zur Seite sprang, wer Ärger machte, bekam es mit ihr zu tun. Mittlerweile waren es beinahe 40 Leute, die in der Schönfeldstraße den Betrieb aufrechthielten. Es blieb nicht aus, dass Unzufriedenheit aufkam, wenn mal wieder jemand sein Geld nicht einzahlen konnte. Oder wenn das Bier im benachbarten Wirtshaus Wilhelm Tell zu flüssig die Kehle hinunterlief oder doch jemand, ermutigt von Artikeln der *Münchner Neuesten Nachrichten*, ihr einmal die Meinung sagen will, er habe nämlich ihr Geschäftsmodell durchschaut und es sei ja alles Betrug und werde bald zusammenbrechen. Dann kam

Adele Spitzeder, stellte sich vor den Unruhestifter und forderte ihn auf, seine Anschuldigungen ihr gegenüber zu wiederholen. Sie habe für jeden ein offenes Ohr. Fieberhafte Gespanntheit um die Szenerie, niemals hätte es jemand gewagt, die Hand gegen sie zu erheben. Gegen sie, die so viel Gutes getan hatte, die von der Mehrheit der Presse so unterstützt wurde, die jedermanns Geld so zauberhaft vermehrte, besser als jede Sparkasse es gekonnt hätte. Und bei den Banken, da hätten sie ja ohnehin keine Chance, dafür hätten sie ja viel zu wenig. Nein, eine Adele Spitzeder, die wich nicht, keinem Pöbler in der Bank und keinem Angriff von außerhalb.

Wer nicht spurte, bekam ihre Meinung zu hören. Dies machte den Erfolg aus. Sie wusste, dass »ich durch meine Grobheit die Leute so sehr anzuziehen«[98] vermochte. »Meine Anreden lauteten allerdings drastisch [...] etwa so: Kalbsköpfe, ich sag euch rundheraus, daß ich keine Sicherheit für euer altes Geld gebe! Ich habe euch Pack nicht gerufen! Ihr könnt euch alle zum Kuckuck scheren!«[99] Der Effekt war größerer Zustrom, Ehrlichkeit wird manchmal einfach nur um der Ehrlichkeit willen geschätzt, mitunter wird Unhöflichkeit auch einfach nur als Ehrlichkeit und Aufrichtigkeit missverstanden. Zeitgleich wurde sie Taufpatin zahlreicher Kinder, insgesamt 64, schenkte und spendete freigiebig. Das Prinzip von Zuckerbrot und Peitsche ist eines der ältesten Herrschaftsmuster der Menschheit. Die Bauern, die aus dem Umland, aus Franken, Schwaben, Niederbayern und der Oberpfalz nach München kamen, beknieten sie regelrecht, ihr Geld anzunehmen, wie Adeles Köchin Babette Stangl später vor Gericht aussagte.

»Die Mischung aus Nähe und Distanziertheit imponiert den ›kleinen Leuten‹ und lässt Adele Spitzeder vertrauenswürdig und solvent erscheinen.«[100] Auf ihre Präsenz achtete sie ganz besonders. Längere Ausflüge und Urlaube mied sie. Kuraufenthalte, etwa in Karlsbad, obwohl ihr von ihrem Hausarzt Professor Amann empfohlen, trat sie nicht an. Sie wollte und durfte keinesfalls den Anschein erwecken, zu verschwinden. In der Nähe des Hauptbahnhofs ließ sie sich nie sehen. Wenn sie verreiste, nach Dachau, nach Altötting oder nach Starnberg, dann dahin, wo viele ihrer Kunden waren. Sie ließ sich von vielen Leuten begleiten und meldete sich sogar bei der Polizei ab. An ihrem Zielort wurde sie erfreut begrüßt. Sie hatte immer ein paar Kreuzer, ein paar Gulden übrig, gab Bier und Essen aus, denn von ihren Münchner Wohltaten konnten die Landbewohner ja kaum profitieren. Sie schärfte ihr Profil, schroff, unnahbar, der harte Kern mit dem weichen Herzen, das für alle das Beste will.

Feste und Enttäuschungen

Adele Spitzeder lud ein. Gab Abendessen und Diners. Und es trat ein Ferdinand Fränkel, nicht verwandt oder verschwägert mit dem Wirt des Deutschen Hauses, in ihr Leben, Eigentümer der *Stadtfraubas*, eines satirisch angehauchten Volksblatts. Er wusste, sie schätzte die Nähe der Zeitungen, leisteten sie ihr doch gute Dienste für ihren Ruf und gegen die *Münchner Neuesten Nachrichten*. Auch Fränkel ließ es sich in Adele Spitzeders Gesellschaft recht gut ergehen. Er blieb lange sitzen, verschmähte keinen Schluck Wein, trank fort, bis nichts mehr ging, weder trinken noch sitzen. Fränkel suchte auch hauptsächlich Adele Spitzeders Wein und Salon, weniger ihre Gesellschaft. Wenn sie schon lange im Bett lag, hörte sie ihn bei Gröbmaier noch lautstark Weinnachschub bestellen. Fränkel war ein Genussmensch. Eines Abends in fröhlicher Runde mit Adele Spitzeder und anderen Herren wurde es ihr dann doch zu spät und zu bunt. Und sie musste ja auch auf ihren gutkatholischen hochgeschlossenen Leumund achten. Adele ging also um 21:30 Uhr ins Bett. Die stille Hoffnung, Fränkel und seine Trinkrunde würde nun den benötigten Takt besitzen und die Schönfeldstraße verlassen, erfüllte sich nicht. Sie blieben wie angenagelt sitzen, den Spitzeder'schen Privatsalon mit einer Wirtschaft verwechselnd. Gröbmaier panschte ihnen Wasser in den Wein, was sie nicht mehr bemerkten, deswegen auch nicht störte. Um Mitternacht lärmte die Fränkel-Runde immer noch fröhlich, Flasche um Flasche vernichtend. Gröbmaier wusste sich keinen Rat mehr, löschte ihnen das Licht im Zimmer und ließ sie im Dunklen. Das stört echte Trinker nicht, solange noch Nachschub da ist, und erst als Gröbmaier die letzten Vorräte wegschloss und auch nach heißem Bemühen aus den leeren Flaschen kein Tropfen mehr zu bekommen war, da torkelten sie auf die Straße.

An einem schönen Frühlingsabend 1872 lud sie ihre Schreiberlinge, ihre Redakteure zu einem kleinen Gartenfest. Es gab Kapaun, die Tische bogen sich. Sie bat Gröbmaier um eine Flasche Deidesheimer. Geraume Zeit verging. »Kein Deidesheimer und kein Gröbmaier, so daß ich entrüstet aufstand, um selbst nach der Ursache der Verzögerung zu sehen. Ich traute meinen Ohren kaum, als die Köchin mir mitteilte, daß Johann sich weigere, so spät noch Wein herzugeben.« Es gab einen Eklat. Sie griff zum Revolver, den sie im Schlafzimmer aufbewahrte. Dr. Zander vom *Volksboten* fiel ihr rechtzeitig in den Arm, Gröbmaier musste das Haus verlassen.

Und kam zurück, verlangte die Obligationen aus seinem Zimmer, verlangte ein Zeugnis. Adele stellte es aus, weigerte sich hierin für treue Dienste zu danken. Es kam zum Streit. Adele blieb standhaft, er solle sie doch auf ein besseres Zeugnis verklagen. Das tat er nicht. Ging unter Tränen. Ein paar Tage später erfuhr Adele dann, dass »er ein ganz gemeiner unter der Maske der Ehrlichkeit einherwandelnder Hausdieb gewesen war. Er ließ nämlich bei einem Bankier nach und nach 80.000 fl. Obligationen umwechseln, dies erregte Verdacht und es wurde nun, nachdem ich von diesem auffallenden Reichtum in Kenntnis gesetzt und Strafantrag wegen Diebstahls gegen ihn gestellt hatte, Untersuchung wider ihn eingeleitet«. In Gröbmaiers neuer Wohnung, die er nach seinem Hinauswurf schnell gefunden hatte, wurden dann auch weitere Obligationen gefunden, gut versteckt hinter dem Brennholz. Insgesamt 130.000 fl. Gröbmaier ahnte Böses, nahm ein Schiff über den Atlantik, natürlich ohne die 130.000 fl, aber in Freiheit. In Abwesenheit wurde er zu einem Jahr Gefängnis verurteilt. Das erfuhr er dann auch in Amerika, erleichtert, er hatte Schlimmeres erwartet, kam zurück. Da besann sich die Spitzeder. Erinnerte sich eines gestohlenen Diamanten. Auch dieser war bei Gröbmaier gefunden worden. Ein zweiter Prozess. Er war ja nun vorbestraft. Wurde zu fünf Jahren verurteilt, die er in der Strafanstalt Laufen absaß. Am Ende lohnte es sich dann doch. Die bekannt chaotische Buchhaltung der Spitzeder wird später nicht beweisen können, dass tatsächlich alles Geld, das bei Gröbmaier gefunden wurde, gestohlen war. Und als Gröbmaier aus dem Gefängnis kam, hatte er keine Geldsorgen – und wohl auch anderweitige Verstecke gehabt, denn noch in der Haft hatte er der Spitzeder 50.000 fl. angeboten, wenn sie nur den Strafantrag zurückziehen möge. Ihr Hausdiener jedenfalls ist weg. Ein neuer muss her. Jakob Nebel. »Er trägt vorzugsweise die Schuld an meiner Verurteilung«, war sie sich später sicher.

Die Doktorbäuerin

Ab dem Frühjahr 1872 begann die Sturm- und Drangperiode. Die Ereignisse überschlugen sich, die Bedrohungen für das Geldhaus Spitzeder wuchsen, aber die Geschäfte auch. Und damit die Belastung. Adele, die nie eine stabile Konstitution hatte, litt, unter dem Druck und der Angst um die Zukunft, an ihrem eigenen Spiel. Ihr Arzt Professor Amann riet ihr zu einem Kuraufenthalt in Karlsbad, was sie jedoch ablehnte. Eine so lange und weite Reise, noch dazu ins Ausland, hätte wie eine Flucht gewirkt. Aber sie hatte eine andere Idee, sie fuhr zu einer Seelenverwandten. In Mariabrunn praktizierte eine sogenannte Doktorbäuerin, Amalie Hohenester, heilkundig und geheimnisvoll. Also fahren Rosa, Adele und Bedienstete mit Kutschen nach Mariabrunn ins Dachauer Land. Mariabrunn, seit 200 Jahren ein Wallfahrtsort mit Kapelle und Badehaus, war seit 1863 im Besitz der Amalie Hohenester, die dort ihre Praxis eingerichtet hatte. Sie stammte aus einer Familie von Wilderern und Räubern und war eine der schillerndsten Personen des 19. Jahrhunderts in Bayern, um die sich viele Geschichten rankten. Sie war berühmt geworden als Wunderheilerin, Kurpfuscherin und Quacksalberin. Adele Spitzeder kam in ein kärgliches Behandlungszimmer, die Wände voller Gedichte und Danksprüche für glückliche Heilungen.

Hier standen sich tatsächlich zwei merkwürdige Frauen gegenüber. Zwei Abenteurerinnen, die große Macht über das sogenannte einfache Volk erlangt hatten, teils guten Glaubens, teils heuchelnd. Amalie Hohenester war stattlich, fünf Jahre älter als Adele, ein rundes, feistes Gesicht, um das in dicken Zöpfen ihr dunkles Haar gelegt war. Auf ihrem braunen Kleid lagen schwer die Goldketten, behängt mit Anker, Kreuz und Herz Jesu. Über ihre Vergangenheit waren wilde Märchen in

Umlauf. Fest steht, dass sie vor ihrer Mariabrunner Zeit als Kurpfuscherin verurteilt worden war. Nach ihrer Freilassung hatte sie dann das Gut Mariabrunn gekauft, einen Badearzt eingestellt, und niemand konnte ihr verbieten, diesem zu »assistieren«. Die Leute kamen in Scharen, misstrauten den Ärzten und ließen sich lieber von der Amalie Hohenester untersuchen und behandeln. Die einsame Lage von Mariabrunn war günstig, wer Aufsehen vermeiden wollte, kam gerne zu Amalie Hohenester. Ihre Praxis lief gut.

So kam also auch Adele Spitzeder nach Mariabrunn und schlug mal wieder zwei Fliegen mit einer Klappe. Denn sie konnte sich wieder ihren zahlreichen Kunden des Dachauer Landes zeigen und endlich Hilfe gegen ihre Nervenleiden erhalten. Ein wirkliches organisches Leiden konnte Amalie Hohenester nämlich nicht feststellen. Sie verschrieb ihr also verschiedene Pülverchen und Tränke zur Beruhigung der angekratzten Nerven. Geld nahm sie hierfür ausdrücklich nicht. Allein dass die berühmte Adele Spitzeder, in der ganzen Umgegend verehrt, zu ihr kam, hatte einen enormen Werbeeffekt.

Adele fasste Vertrauen zur Doktorbäuerin und im zitternden Ton der mittelmäßigen Volksschauspielerin fragte sie die Hohenester, wie es mit ihr enden werde. Da konnte die Doktorbäuerin sie aber beruhigen, indem sie sagte, dass ein jeder einmal bekommt, was er auch verdient. Das beruhigte Adele. Ihre Begleiter hatten in der Zwischenzeit eine ordentliche Zeche im Gasthaus Mariabrunn zustande gebracht, die Adele nun beglich. Rosa setzte ein besorgtes Gesicht auf, und Adele klagte ihr, sie bräuchte schlicht und einfach einmal ein paar Wochen Ruhe.

Also zogen Adele, Rosa und die Bediensteten nach München zurück, Adele die Pülverchen und Tinkturen dabei und das

Wissen, einmal ein wenig Ruhe zu brauchen. Aber aus dieser Ruhe wurde nichts. Denn wieder in der Schönfeldstraße brach wieder die übliche Menschenmenge über sie herein.

»Mein Erscheinen unter diesem Konglomerat von Leuten – besonders in der Sturm- und Drangperiode – übte stets eine, ich möchte fast sagen magische Wirkung. Die Leute – und es waren oft sehr verwegene Kumpane darunter, welche gegen mich aufgereizt und aufgestachelt waren – hatten oft nicht die besten Absichten, und es setzte dann meinen Bediensteten gegenüber oft viel Spektakel und Lärm ab, so daß man es dann für nötig hielt, mich herbeizuholen. Kaum trat ich dann unerschrocken und festen Blickes vor die Menge, so herrschte auch schon vollkommene Ruhe und alles benahm sich – wenn ich mich so ausdrücken darf – ganz ehrerbietig. Mein Erscheinen allein zähmte jeden Ausbruch der Rohheit, der meine Bediensteten in meiner Abwesenheit oftmals ausgesetzt waren«[101].

Die Speisung der Armen

Sie baute ihre physische Präsenz auch in München aus und übernahm die Stadt in kleinen Schritten. Am Platzl, in der Hausnummer 4, schräg gegenüber dem weltbekannten Hofbräuhaus, prangte ab dem 25. September 1872 in großen Lettern: »Münchner Volksküche von A. Spitzeder«. Volksküchen, auch Suppenküchen oder Suppenanstalten genannt, gab es spätestens im 18. Jahrhundert in vielen Großstädten Europas. Schon die Oeconomische Encyclopädie von Krünitz aus den Jahren 1772 bis 1858 nennt München ausdrücklich als Standort von Suppenanstalten, neben Berlin, Wien, Paris und London. Besondere Bekanntheit erlangte die sogenannte Rumford-Suppe, benannt nach dem bayerischen Offizier Benjamin Thompson, Reichsgraf von Rumford, der im Jahre 1795 Graupen und Erbsen über Stunden im Wasser kochen ließ und damit Bettler und Obdachlose im Militärischen Arbeitshaus in der Münchner Au versorgte.

Die Anzahl der Volksküchen war vor allem im Hungerjahr 1816 stark angestiegen. 1816 ging als das Jahr ohne Sommer in die Geschichte ein, in den USA wurde es sarkastisch als *eighteen hundred and frozen to death* und in Deutschland als *Achtzehnhundertunderfroren* bezeichnet. Mittlerweile sind sich die Forscher weitgehend einig, dass der Ausbruch des indonesischen Vulkans Tambora im April 1815 die schlechte Ernte und Nahrungsversorgung in Europa und Amerika im Jahr 1816 verursacht hatte. In ebendiesem Jahr ohne Sommer erdachte Mary Shelley bei einem eigentlich als Sommerurlaub geplanten Aufenthalt am Genfer See den Roman *Frankenstein*. 1817 initiierte König Wilhelm I. von Württemberg die Gründung eines landwirtschaftlichen Vereins, dessen jährliches Fest heute als Cannstatter Vasen weiterlebt. Und seine Königin Katharina leitete einen Wohltätigkeitsverein, der Entwicklungshilfe in den ländlichen Gegenden Württembergs leistete und zu diesem Zweck 1818 die Württembergische Sparkasse gründete. Auch die Gründung der Universität Hohenheim geht auf die Ereignisse des Hungerjahrs 1816 zurück. Um künftige Hungerkrisen dieses Ausmaßes zu vermeiden, wurde sie 1818 als landwirtschaftliche Unterrichts-, Versuchs- und Musteranstalt gegründet.

Viele Menschen verdankten ihr Überleben den ab 1816 gegründeten Suppenanstalten oder Volksküchen. Entsprechend gut war ihr Ruf in der Öffentlichkeit, und dies wiederum wusste Adele Spitzeder zu nutzen. Am Münchner Platzl eröffnete sie also ihre eigene Volksküche. Ausweislich der Statuten war der Zweck der »Münchner Volksküche«, dem Mittel- und Arbeiterstand sowohl morgens als auch mittags und abends kräftige und billige Kost anzubieten. Von 6 bis 20 Uhr war geöffnet, mit der Hauptessenszeit von 11 bis 14 Uhr. Montags gab es Gerstensuppe mit Rindfleisch und Kartoffelsalat, dienstags Reissuppe mit Erbsen, mittwochs Semmelknödel mit Sauerkraut, donnerstags Grießsuppe mit gerösteten Kartoffeln, freitags Erbsensuppe mit weißen Rüben, samstags Brotsuppe mit Kartoffeln und Petersiliensoße und sonntags Leberknödel mit Sauerkraut.

DIE KARIKATURISTEN NAHMEN DIE GELDZAUBERIN VON DAMALS SCHARF AUFS KORN

Karikatur Ende September 1872

Zum Frühstück gab es Kaffee mit Brot für vier Kreuzer, vormittags gab es Lungenragout mit Brot oder Nieren und Leber für sechs bzw. sieben Kreuzer. Abends wurde das sogenannte Voressen ausgegeben. Lunge, Innereien, Würste, Brot und Bier für vier Kreuzer. Für eine Volksküche unüblich war die Einteilung der Gäste in zwei Klassen zur Mittagszeit. Unten saßen die ärmeren, oben die etwas betuchteren. Unten kostete das Mittagessen zehn Kreuzer, oben dreizehn. Zum Erfolg der Volksküche trug wesentlich bei, dass das Bier stets einen Kreuzer billiger war als in den anderen Lokalen Münchens.

Ohnehin ist ein Ausflug in die gastronomische Landschaft des beginnenden Deutschen Kaiserreichs und des kleinen Königreichs Bayern lohnenswert. Der Gastronomiekritiker und Kulturhistoriker Peter Peter hat diese Zeit die »für lange letzte Glanzzeit deutscher Küche genannt«.[102] Maßgeblich für die Oberklasse Münchens war die »Neue vollständige theoretisch-praktische Anweisung der feineren Kochkunst« von 1858, geschrieben von Johann Rottenhöfer, dem Koch der Könige Max II. und Ludwig II. Nicht nur in Adele Spitzeders Volksküche war die Innereienlastigkeit typisch. Auch dieses Standardwerk der gehobenen bayerischen Küche führt 21 Rezepte mit Hirn auf.

Bierlieferant der Spitzeder'schen Volksküche war die Leistbrauerei, vermutlich im 15. Jahrhundert gegründet. Die Braustätte lag ursprünglich in der Sendlinger Straße. Der Besitzer der Leistbrauerei, Joseph Sedlmayr, beteiligte sich bereits 1858 an der Franziskaner-Brauerei und übernahm diese schließlich im Jahr 1861 ganz. Die Leist-Braustätte wurde in die Au verlagert, wo er auch Franziskaner braute. Und die Leistbrauerei belieferte nicht nur erfolgreich und zuverlässig die Spitzeder'sche Volksküche. Im selben Jahr 1872 wurde Leistbier auch im Schottenhamel auf der Wiesn ausgeschenkt.

Die Erfolgsgeschichte von Leistbräu ließ sich vom späteren Scheitern Adele Spitzeders nicht aufhalten. 1922 schloss sich Franziskaner-Leist mit Spaten zusammen und nannte sich Gabriel und Joseph Sedlmayr Spaten-Franziskaner-Leistbräu AG. In den nächsten Jahren entfiel der Namensbestandteil Leistbräu, und 2005 fusionierte die Spaten-Franziskaner-Leistbräu AG mit der Brauereigruppe InBev. Franziskaner ist nun nur noch ein Markenname und Leistbräu völlig verschwunden.

Die Spitzeder'sche Volksküche jedenfalls war ein wirtschaftlicher Erfolg. Allein schon deswegen hatte sie mit einer echten karitativen Suppenanstalt nicht viel gemein. Aber der Name tat seine Wirkung, ihren Ruf als Wohltäterin konnte Adele Spitzeder stärken. Ihren »Humanitätsverkehr« schilderte sie ausführlich. Sie selbst sah sich als äußerst generöse Natur und der Vorwurf, ihre Mildtätigkeit sei nur dazu da, ihr »die Popularität der unteren Volksklassen zu sichern und zu erhalten«, habe sie geschmerzt, denn sie sei »freigiebig und generös von Kindheit an«, und zwar so freigiebig, dass sie in ihren Mädchenjahren bitteren Mangel litt, nur um anderen helfen zu können«. Sie sei also auch »auf die unverschämteste Weise ausgebeutet und betrogen« worden.

Die Empfänger aller angeblich anonymen Spenden listet sie dann doch auf. Es finden sich darunter: zehn bedürftige Familien, bedürftige Studenten, verwundete und dauerhaft behinderte Soldaten aus dem Deutsch-Französischen Krieg von 1870/1871, verwundete Soldaten im Lazarett, Geschäftsleute, die Opfer von Wucherern geworden waren, Immobilienbesitzer, die Gefahr liefen, Haus und Hof zu verlieren, weil sie Wucherern in die Hände gefallen waren, »auch schenkte ich Geschäftsleuten, welche mir Geld schuldeten [...] gar oft die ganze Schuld«[103]; Schulkinder aus Giesing, ein armer Musiker, eine frühere

Schauspielkollegin und deren Tochter, eine verarmte Sängerin, eine Anfängerin in der Schauspielkunst, ein früher sehr
bekannter Volkssänger, verschiedene Benefiziaten und auch
die Juwelierin des Münchner Geldadels, Frau Rottheim, die
für arme Juden 100 fl. entgegennahm. »Tu Gutes und sprich
darüber« wurde zu »tu Gutes, um darüber sprechen zu können«. Aber: »Ich habe dies alles jedoch keineswegs erwähnt,
um mich etwa damit zu brüsten, sondern nur um der Welt zu
zeigen, daß mein Charakter und meine Person vielfach falsch
geschildert, entstellt und verdächtigt worden ist und daß das
fabelhaft viele Geld, welches man mir wider meinen Willen in
den Schoß warf, nicht etwa dazu diente, meiner Genußsucht
zu frönen [...], sondern daß dasselbe auch teilweise dem Volke
und den Armen zugute kam«[104].

Alle diese Ausgaben sind nicht belegt, jedoch ist sehr wahrscheinlich, dass die Angaben stimmen, sind sie es doch bei
nachprüfbaren Projekten, wie der Volksküche, auch. Andererseits war der karitative Anteil ihrer Ausgaben zwar öffentlich-
keitswirksam, aber im Vergleich zu den Einnahmen beinahe
verschwindend gering.

Unternehmungen

Sich im Jahr 1872 in und um München fortzubewegen, ohne
auf Adele Spitzeder zu stoßen, war schwer. Zeitungen lobten
sie, in Predigten wurde sie gepriesen, die städtische Flüster-
post sprach über sie und ihre Wohltaten. Und auch Häuser
künden bald von ihrer Präsenz.

Der erste Grundstückskauf war das Gut in Oberföhring im Jahre 1869 für 2.700 fl. gewesen, dem ersten Geld, was sie übrig

hatte. Das war eine lohnende Investition, denn schon bald darauf konnte sie das Grundstück vergrößern und verkaufte alles für 9.000 fl. Sie leckte Blut. Und so schnell, wie sie ein Zeitungsimperium aufgebaut hatte, so schnell wurde sie Immobilientycoon. Sie erwarb das Gut »Laub« nördlich von Regensburg für 22.000 fl. Eine Frau Rusch verkaufte ihr ein Haus in der Maximilianstraße, »die eleganteste Lage Münchens«[105] für 64.000 fl. Dieses Haus verkaufte sie später an Max Schulze, Kaufmann aus München, für 74.000 fl. Außer Geld gab es auch noch aus Havanna importierte Zigarren. Den großen Gewinn, den Adele Spitzeder mit diesem Geschäft mitnahm, trug Max Schulze ihr aber wohl nach, am Tag ihrer Verhaftung sollten sich beide dann wiedersehen. Hinzu kam ein Haus in der Hildegardstraße, das sie von dem Grafen Wolkenstein kaufte. Auch das Haus neben ihrer Wohnung und Bank, die Schönfeldstraße 11, kamen hinzu, ebenso das Haus Königinstraße 3. Bezahlt wurden alle diese Häuser mit dem Geld, das beim Friseurmeister Speier in Verwahrung lagerte. Später fielen sie der Gantmasse zu und wurden unter Wert verkauft.

Das Hotel »Zur Blauen Traube« in der Dienerstraße 11 war eines der ersten Häuser Münchens und stand dort, wo sich heute gegenüber dem Dallmayr die Grünfläche des Marienhofs erstreckt. 1872 in Englischer Hof umbenannt, blieb die blaue Traube in den nächsten Jahrzehnten eine der ersten Adressen Münchens. 1914 wurde es im Taumel nationaler Weltkriegsbegeisterung von Englischer Hof in Hotel Posch umbenannt. In den 1930er-Jahren blieben die Touristen aus. Es wurde Verwaltungsgebäude und wie das gesamte Areal des Marienhofs nach dem Zweiten Weltkrieg nicht wiederaufgebaut. Für dieses Hotel zur Blauen Traube interessierte sich Adele Spitzeder. Ein Abschluss kam jedoch nicht zustande.

Hinzu kamen aber noch das Haus Königinstraße 2 und Königinstraße 5. Auf dem Gelände der Königinstraße 5 steht heute das US-Generalkonsulat. 1871 erschoss sich hier in seinem Haus der Privatier Cohn. Ein geplanter Umzug in dieses reizvolle und später im Zweiten Weltkrieg zerstörte Haus mitsamt Stallung, Kutscherwohnung, Treibhaus und Sommerhäuschen ließ sich jedoch nicht durchführen. Rosa wollte »ja nicht in ein Haus ziehen, dessen Besitzer sich darin entleibt hatte«. Makabererweise nutzte aber Adele Spitzeder den Stuhl, auf dem sich Cohn erschossen hatte, weiter und verbrachte ihn in die Bankräume in der Schönfeldstraße. Es war der Stuhl, auf dem sie im Einzahlungszimmer saß und die Einzahlungen überwachte. Ebenfalls in der Schönfeldstraße, Nr. 15 a, lag das Gasthaus Wilhelm Tell, das für den Pächter eine Goldgrube wurde, da es das einzige Gasthaus in der Gegend war und die Anleger und Abholer der *Dachauer Bank* »wohl in Ermangelung eines anderen Wirtshauses dort zechen mußten«[106]. Hinzu kamen ein Haus in der Von-der-Tann-Straße und ein Haus in der Reichenbachstraße. Das Haus Amalienstraße 50 kaufte sie für 50.000 fl. und das Haus Landsberger Straße 27 für 10.000 fl. Hier befinden sich heute die Augustiner Bräustuben. In Feldafing am Starnberger See in der Seestraße 16 kam die Villa Rosa[107] in ihren Besitz, erbaut von Johann Baptist Biersack, der es dann an Adele Spitzeder verkaufte. Der Name »Villa Rosa« geht wohl auf Rosa Ehinger zurück, wenngleich Adele Spitzeder in ihren Erinnerungen »die Nachbarschaft der Roseninsel«[108] als namengebend bezeichnete. Mitte 1872 kaufte sie das Anwesen Schönfeldstraße 18, in dem sich eine Bäckerei befand. Schließlich kamen Mitte 1872 zwei Häuser am Platzl hinzu, wo die Volksküche entstand. Die Volksküche ließ sie von der Bäckerei in der Schönfeldstraße beliefern.

Ende des Jahres 1872, kurz vor ihrem Untergang, kaufte sie noch die Westendhalle in der Sonnenstraße, eine große Restauration mit Garten. Zur Faschingszeit fanden dort große Maskenbälle statt und jeden Sonntag wurde zu öffentlichen Bällen geladen. Den Plan, die Westendhalle in ein Unterhaltungstheater[109] umzuwandeln, konnte sie nicht mehr verwirklichen.

Adele Spitzeder.

Adele Spitzeder, 1872

In der Au sollte eine Brotfabrik nebst Brothalle und eine Wein-
handlung entstehen, die beide Güter billig unter das Volk bringen sollen. Sie hatte Pläne für eine Pferdebahn von München
nach Nymphenburg sowie für eine Brauerei und wollte sogar
das »Staatsgut Schleißheim mit seinen vielen Waldungen«
kaufen. Der Wert wäre aber in die Millionen gegangen, also
»verschob ich das Projekt noch, um abzuwarten, ob die ewigen
Hetzereien [...] kein Ende nehmen würden«[110].

Pläne für Arbeiterwohnungen mit niedrigen Mieten nach dem
Vorbild der Fuggerei in Augsburg hatte sie auch schon. Der
Bauplan in Haidhausen zerschlug sich und kurz nachdem sie
hierfür ein Grundstück in der Nymphenburger Straße erwor-
ben hatte, brach ihre Bank auch schon zusammen, und aus der
Fuggerei à la Spitzeder wurde nichts.

Dritter Akt: Bankrott

Täglich gingen 300 bis 500 Personen in der *Dachauer Bank* ein und aus, Adele kam nicht umhin, noch mehr Bedienstete einzustellen, und das Rad drehte sich schneller als je zuvor. Anfang 1872 aber nahm der Druck auf Adele Spitzeder wieder zu. Über ihre Wäschefrau, die Frau des Gewerbebeamten Kummer, erreichten sie Gerüchte, dass die öffentliche Verwaltung wieder versuche »dieser *Dachauer Bank* ein Ende zu machen«[III]. Bei ihrem Manne, so Frau Kummer, habe schon die Polizei vorbeigeschaut und sich beraten. Diese Warnung sollte nicht kostenlos sein, Frau Kummer erhielt 2.000 fl. Darlehen; natürlich war nicht Adele Spitzeder selbst die Geldgebende, sondern ihr Hausmeister Josef Weber.

Dann traf bei Adele Spitzeder die postalische Aufforderung ein, sich binnen acht Tagen als Kauffrau ins Handelsregister eintragen zu lassen. Mithilfe ihrer Rechtsanwälte Fuß und Schamberger legte sie Widerspruch ein, denn die Tätigkeit »fremde Gelder anzunehmen und auszuleihen, [stelle] noch lange nicht die Identität mit einem Kaufmannsgeschäfte« her. Das Handelsgericht bestätigte sie hier in ihrer Auffassung, es mag aber zweifelhaft bleiben, ob dem Gericht das Ausmaß der Spitzeder'schen Geldverleihgeschäfte tatsächlich bekannt war. Adele jedenfalls betrachtete dies als Steilvorlage, denn weil »ich keine kaufmännischen Bücher zu führen brauche, ich auch von einer Führung derselben nichts verstanden hätte, weil nicht kaufmännisch gebildet, so kam mir dieser Bescheid sehr erwünscht«[112].

Am 27. Februar 1872 gab August Napoleon Vecchioni, der Chefredakteur der *Münchner Neuesten Nachrichten* einen Eilbrief zur Post, adressiert an den Polizeiassessor Ries: »Lieber Herr Ries! Fräulein Spitzeder hat gestern auf der Handelsbank 12.000 fl. in Gold wechseln lassen, sie scheint sich demnach aufs Durchbrennen herzurichten.« Tatsächlich hatte Spitzeder Gulden in Goldstücke getauscht. Es ist ein wenig unsicher, was mit diesem Gold passierte. Lästig war sie jedenfalls, diese mediale Überwachung. Und bei der Polizei führte sie dazu, die Bewachung zu verstärken.

Täglich kamen Anfang des Jahres 1872 etwa 80.000 bis 100.000 fl. als Anlagesumme zusammen. Das war eine große Menge, lag der durchschnittliche Monatsverdienst bei nicht einmal 100 fl. Und trotz – oder gerade wegen – dieses sichtbaren Erfolgs der Bank machten Gerüchte die Runde. Waschweiber sprachen mit anderen Waschweibern und Auftraggebern, Stammtischbrüder mit Kellnern und Zechern. In die Bierhallen und Wirtshäuser schlichen Gerüchte, und es wurde gemunkelt, die Bank werde bald zugesperrt. All dies unterstützt und angeheizt von August Napoleon Vecchioni und seinen *Münchner Neuesten Nachrichten*. Manche hatten so viel Angst um ihre Wechsel, dass sie sie auf dem Schwarzmarkt um die Hälfte des Werts verkauften. Doch mag Adeles Meinung bezweifelt werden, dass »durch diese Umtriebe viele weit mehr Geld verloren haben als durch meinen gewaltsam herbeigeführten Sturz«[113].

Dieser bevorstehende Sturz nahm immer konkretere Formen an. Denn das Prinzip hinter der Spitzeder'schen Bankpraxis hatten viele inzwischen verstanden. Und ihre vertrauensbildende Maßnahme, auch unfällige Wechsel, also noch gar nicht zur Rückzahlung anstehende Kredite, auszuzahlen, wurde ihr immer gefährlicher. Denn einige hatten es sich tatsächlich zur Aufgabe gemacht, die *Dachauer Bank* zu stürzen, und kauften Wechsel, um sie sofort einzulösen. »Gerichtsvollzieher, Notare, sogar Advokaten entblödeten sich nicht, von mir Zahlung auch für unfällige Wechsel zu fordern«, empört sie sich in ihren Erinnerungen. Dabei war dies eine Auszahlungspraxis, auf die sie immer stolz war und die für den Nachschub an Kunden sogar notwendig war. Rechtsanwalt Michael Berchtold tat sich besonders hervor und kam täglich zwei bis drei Mal in die Schönfeldstraße, um Geld für unfällige Wechsel in Empfang zu nehmen. Die Barreserven schmolzen zusammen, und von den Millionenwerten, die herumlagen, waren irgendwann nur noch 50.000 fl. Barschaft übrig. Die Bank stand Anfang 1872 am Abgrund.

Ein letztes Aufbäumen

Aufgeben war Adeles Sache nicht. Denn als sie schon beinahe bankrott war, »schlug die Sache plötzlich wieder um und die Glückssonne ging wieder strahlend über mir auf«[114]. Denn auf einmal strömte ihr das Geld wieder in Hunderttausenden zu. Viele hatten nämlich ihre Wechsel im festen Glauben, die Bank gehe unter, weit unter Wert verkauft. Und als sie das nicht tat (wenngleich doch nur wenig gefehlt hätte), reute sie der Vorgang und sie brachten ihr Geld wieder in die Schönfeldstraße. Auch Adele hatte dazugelernt. Der Verkauf der Wechsel war künftig untersagt. Wer nun Geld bei ihr anlegte, musste es auch höchstpersönlich wieder abholen. Ein weiteres Mal hatte das

Schicksal sie verschont, eine weitere Krise hatte sie knapp überstanden. Sie schien gerettet. Doch es kam eine Hiobsbotschaft.

Das Handelsgericht hatte sich besonnen und veröffentlichte
eine Revision der früheren Entscheidung. Adele Spitzeder hatte
sich als Kauffrau einzutragen. Das Handelsgericht berief sich
auf geänderte Umstände. Wahrscheinlich ist, dass es einfach
klarer das Ausmaß der Spitzeder'schen Geldgeschäfte erkannte. Jeglicher Einspruch war vergebens, das Appellationsgericht
München bestätigte die Entscheidung des Handelsgerichts.
Das Oberappellationsgericht München verwies ans Reichsgericht nach Leipzig, dieses wiederum wies zurück. Adele musste sich also ins Handelsregister eintragen lassen. »Aber die
Adele Spitzeder war auch eigensinnig«[115]. Das Handelsgericht
hatte nämlich ihr Ausleihgeschäft, also die Kreditvergabe, als
Handelsgeschäft betrachtet, nicht aber die Kreditannahme.
Sie beauftragte also ihre Bediensteten, die Kreditvergabe sofort einzustellen, auch keine Wechsel mehr zu verlängern, da
dies als Kreditvergabe betrachtet werden könnte, und gab also
den Geldverleih offiziell auf. Allein: Es half nichts. Das Handelsgericht blieb bei seiner Auffassung und Adele Spitzeder
schränkte vorsichtshalber auch die Geldannahme ein. Bestärkt
durch die Entscheidung des Handelsgerichts waren auch die
Gerüchte. Und wieder ging ein Gespenst um in München, das
Gespenst der Schließung der Spitzeder'schen Privatbank. Die
Schlinge zog sich zu.

Und Adele geriet ein wenig in Panik. Sie hörte von Couplet-
und Bänkelsängern, die in Münchner Bierwirtschaften selbst-
gedichtete Spottgesänge zum Besten gaben, über die *Dachauer
Bank* und Adele Spitzeder und die Leichtgläubigkeit der Leute
und dabei ein großes Hallo und Vergnügen hervorriefen. Auch
diese Kritik musste verstummen. Also flossen in die Taschen

der Volkssänger Huber und Königshöfer jeweils 100 fl. Schwei-
gegeld.

Das Geldverleihen hatte sie also beendet. Offiziell. Denn sie
hatte eine Lösung gefunden. Es mussten einfach die Bediensteten in ihrem eigenen Namen Geld ausleihen. Hierfür wurde
ihnen gestattet, auf die Geldbestände zurückzugreifen, diese
auszuleihen, gegen einen monatlichen Zins von 10 bis 12 Prozent, und das zurückerhaltene Geld wieder in die Bargeldbestände der Bank einzulegen. Einige dieser Geldverleiher waren
hinterher bedeutend wohlhabender als vorher. Franz Wagner
war eigentlich als Schreiber für 60 fl. monatlich beschäftigt.
Später war er Besitzer eines Hauses in der Gartenstraße (heute
Kaulbachstraße), das er für 59.000 fl. käuflich erwarb. Es ist
nicht von der Hand zu weisen, dass das Fehlen einer Buchhaltung auch den Bediensteten nutzte.

Ein paar Tage später empfahl ihr Ferdinand Fränkel, der Fränkel, der ihren Wein gerne bis zum Umfallen genoss, zuvorkommend, besorgt, nicht nur sein eigenes Blatt zum Abonne-
ment, sondern auch die Stadt schnell zu verlassen. Sie müsse
ja nur einige Hunderttausend Gulden mitnehmen und einen
Klimawechsel vornehmen. Italien sei angenehm, vielleicht
auch Karlsbad, aber einen Ortswechsel ins Ausland müsse sie
nun schon erwägen. Gegen die Entschädigung von 10.000 fl.
könnte er, Fränkel, sogar ihr Begleiter werden. Natürlich könne es passieren, dass er in Festungshaft müsse dafür, so ca. ein
Jahr, aber das ließe sich schon kompensieren. Ein anderes Mal
riet er Adele, die Villa Rosa in Feldafing auf Rosa Ehinger zu
überschreiben. Beide Vorschläge waren erwägenswert. Adele
setzte keinen davon um. Sie gab Fränkel vielmehr zu verste-
hen, dass ein solcher Ernstfall gar nicht eintreten könne, sie
habe »geheimnisvolle Unterstützungen«. Ob sie aber tatsäch-

lich so empört war, wie sie in ihren Erinnerungen schreibt, mag bezweifelt werden, denn die Gefährlichkeit ihrer Lage muss sie geahnt haben. Wenn schon ein chronisch erfolgloser Trunkenbold den Ernst der Lage ahnte, schien es gefährlich zu werden.

Defensive war aber weder ihre Stärke noch ihr Erfolgsrezept. Statt zu fliehen, ging sie also zum Angriff über. Sie suchte also den bayerischen Innenminister, Sigmund von Pfeufer auf, um Näheres über eine eventuell bevorstehende behördliche Schließung ihrer Bank zu erfahren. Ihr Versuch, den Minister als Geldanleger zu gewinnen, schlug schon mal fehl. Näheres über eine bevorstehende Polizeiaktion ließ sich aus ihm auch nicht herausholen, und »als ich mich nach etwa einer halben Stunde wieder entfernte, da entließ mich Herr v. Pfeuffer (sic!) höchst freundlich«[116].

Die nächste Station war ein Treffen mit dem Polizeidirektor Münchens, Karl Alexander von Burchtorff[117], der seit 1865 im Amt war. Diese Begegnung war schon weit weniger erfreulich. Burchtorff fragte Spitzeder, ob sie »vielleicht vierspännig vorgefahren sei?«[118], womit er auf die vierspännigen Gefangenentransporte anspielte. »Nein, vorläufig noch zweispännig!« »Mein Fräulein, wenn Sie je einmal die Absicht hegen sollten, München zu verlassen, dann bitte ich ja nicht zu vergessen, mich dann in Kenntnis zu setzen.« Eine diplomatische, aber eindeutige Drohung.

Nachdem Innenminister von Pfeufer Adele Spitzeder so freundlich, aber unverbindlich entgegengetreten war, schrieb er an König Ludwig II.: »Nach einem Bericht des Bezirksamts Altötting ist die Kapitalanlage der sogenannten kleinen Leute bei der *Dachauer Bank* der Adele Spitzeder eine so bedeutende, daß die Verwaltung der Distrikts-Sparkasse zu Altötting zu außerordentlichen Mitteln greifen mußte, um die massenhaft gekündigten Sparkassen-Einlagen zurückzahlen zu können.« Und der oberbayerische Regierungspräsident Theodor von Zwehl befürchtete eine »Landescalamität, sollte die *Dachauer Bank* zusammenbrechen.«[119]

Die polizeiliche Beobachtung des Treibens in der Schönfeldstraße war nicht mehr zu übersehen. Polizeidirektor von Burchtorff »ging in den letzten Zeiten sehr häufig durch die Schönfeldstraße und sah sich mein Haus mit ganz absonderlichem Interesse an. So promenierte er auch einmal mit dem Stallmeister Baron v. Lerchenfeld in eifrigem Gespräche begriffen an meinem Hause vorbei, und Baron Lerchenfeld konnte sich, als er die Fenster des Auszahlungszimmers offen stehen sah, nicht enthalten, hineinzuschauen und neugierig-spöttischen Tones zu fragen: Nun, wird recht bezahlt?«[120] Polizeibeamte unterhielten sich mit den Portiers, und als die Polizeibeamten Walch und Stich sich einmal im Hausflur selbst zwischen den Einzahlern und Ausgezahlten umsahen, erteilte Adele Spitzeder ihnen Hausverbot. Und sie ersann eine Gegenstrategie, vergab an Polizisten Darlehen zu einem niedrigen Zinssatz. Das sprach sich herum. Sie baute einen ganz neuen Kundenkreis auf, bald waren so viele Polizisten bei ihr Schuldner, dass sich dies sogar bis zum Polizeidirektor Burchtorff herumsprach. Der war fuchsteufelswild. Befahl, dass kein Polizist Kunde dieser *Dachauer Bank* sein durfte. Adele Spitzeder wusste Rat. Sie trat die Schuld einfach an ihre Bediensteten ab. Diese konnten ja privat Geld verleihen, an wen sie wollten. Und die Polizisten konnten ja auch privat Geld leihen, von wem sie wollten, es war ja nun nicht mehr die *Dachauer Bank*, nur eben jemand, der dort zufällig arbeitete. Außerdem wollte sie ja das Geldverleihen ohnehin sein lassen, was sich ja zu einem so niedrigen Zinssatz, wie sie den Polizisten gewährt hatte, ohnehin nicht lohnte. Jedenfalls standen bald so viele Polizisten in ihrer Schuld, dass sie sich doch wieder ein Stück sicherer fühlte.

Ab Mai 1872 entglitten ihr die Dinge. Die Menschenkenntnis, die ihr so lange das Überleben gerettet hatte, verließ sie. In ihrer Verzweiflung nahm sie Verbündete wahllos an. Napoleon Homolatsch lässt sich ankündigen. Er war Redakteur eines Theaterblättchens und Sohn einer Sängerin, der Name sage doch einer begabten Schauspielerin sicher etwas. Tatsächlich kannte sie das Theaterblättchen namens *Zwanglose Hefte für die gebildete Welt*. Für diese schreibt auch Karl August Dempwolf, Schriftsteller und einer der angesehensten Theaterkritiker der Zeit. Den kennenlernen, das wollte Adele dann doch. Und so empfing sie Napoleon Homolatsch, der ganz in Weiß gekleidet, geckenhaft, mit langen Schritten den Salon betritt, mit der Rechten seinen Hut schwenkend, sicher auch, um das Gleichgewicht bei seinem Auftritt nicht zu verlieren, und sich vorstellte: »Homolatsch!« Die Künstler verstanden sich, auch Homolatsch kommt ja aus einer Schauspieler- und Sängerfamilie, und Adele weiß das als Kunstenthusiastin ja ohnehin, da wäre jedes Wort zu viel gewesen. Gerade brauche er nur 200 fl., auch nur für acht Tage, die wurden ihm gegeben, ohne Zins. Künstler halten zusammen. Und pünktlich acht Tage später stand Homolatsch auf der Matte, das Geld dabei, und das ging in den folgenden Wochen so weiter. Es war das Spitzeder'sche Prinzip, wie man sich Vertrauen holt, Homolatsch beherrschte es ebenfalls. Die Freundschaft begann. Homolatsch arbeitete sogar in der *Dachauer Bank* mit. Für ein Salär von 250 fl. pro Monat übernahm er die Auszahlungen.

Zwischendurch musste Homolatsch für 14 Tage ins Gefängnis, er hatte in den *Zwanglosen Heften* die Grenzen der Kritik verlassen und die Tänzerin Lucile Grahn beleidigt. Er kam wieder heraus, erschien zum Dienst, zahlte Wechsel aus, aber eine Schlossersfrau schrie Zeter und Mordio, denn sie habe genau gesehen, dass er Geld in seinen Manschettenaufschlägen verstecke. Adele kam herbei, Homolatsch beteuerte unter Tränen seine Unschuld und Adele glaubte ihm. Und eines Tages, im Juni 1872, kam Homolatsch in den Spitzeder'schen Salon mit einem Posaunengesicht, er hätte etwas zu verkünden, Fräulein würden es nicht glauben. Ganz echauffiert war er. Denn bei einem Stuttgarter Verlag sei gerade ein Werk im Druck, ein Roman, der das Fräulein und auch die ganze Familie Vio/Spitzeder aufs Scheußlichste kompromittiere. 30.000 Vormerker solle es schon geben. Adele schrieb nach Stuttgart und verlangte Unterlassung. Der Verlag wiederum verlangte für die Unterlassung 6.000 fl. Betty flehte ihre Tochter an zu zahlen, Familiensachen sollten nicht an die Öffentlichkeit kommen, schon gar nicht in wahrscheinlich lügnerisch entstellender Weise. Adele zahlte. Das Werk wurde ihr ausgehändigt. Autoren waren die Herren Jochner und Homolatsch. Homolatsch quittierte den Dienst und kaufte ein Haus in der Knöbelstraße im Lehel. Jetzt konnte er es sich ja leisten.

Mitte 1872 musste Adele Spitzeder vor Gericht. Ihr waren schlecht gefälschte Wechsel präsentiert worden, die Fälscher aber geschnappt und es kam zur Schwurgerichtsverhandlung. Die Zeugin Spitzeder gab ihre Personalien an, und es kam zum Wortgefecht mit dem Vorsitzenden, der mit der Berufsbezeichnung Privatière nicht einverstanden war. »Nein, Sie sind Banquière!« »Nein, ich bin Privatière!« »Nein, Sie sind Kauffrau!«[121]. Die Fälscher wurden verurteilt, während Spitzeder bockig ihre Eintragung ins Handelsregister hinauszögerte. Und sie glaubte, der Erfolg gebe ihr recht. Sie hatte mittlerweile 78 Angestellte und Kreditvermittler. Polizisten, Gendarmen und Soldaten hatten bei ihr ihren Sold angelegt. Bei der Verhandlung gegen die Wechselfälscher war Eduard Reißig als Prozessbeobachter des *Freien Landesboten* anwesend. Reißig stellte sich ihr vor und bat um einen Besuch. Sie gewährte. Reisig kam in die Schönfeldstraße, lila gekleidet, erzählt Stadtklatsch, als Reporter des Landesboten bekam er viel mit. Bat devot um fünf Gulden. Die bekam er. Sie freute sich an seinen Dankesbeweisen. Er erzählte von seiner misslichen Lage, in die er ohne eigenes Verschulden geraten war. Sie nahm Anteil. Gab weitere fünf Gulden. Tiefe Bücklinge. Reißig verabschiedete sich. Kam wieder. Ging ihr zur Hand. Half, ein Wechselformular auszufüllen. Er hatte eine gute Handschrift, wie Adele erkannte. Sie stellte ihn an. Von nun an bekam Wechselschreiber Reißig, ehemaliger Redakteur des *Freien Landesboten*, 80 fl. pro Monat nebst Verpflegung.

Reißig war bescheiden. Ertrug ruhig ihre Ausbrüche. Er eröffnete ihr, im Vertrauen, dass er Freimaurer wäre. Bald sogar Andreasritter. Stieg in ihrem Ansehen. Adele, ergriffen und fasziniert von den Freimaurern, wissend, dass auch ihr Vater Josef ein Freimaurer gewesen war, gab Eduard Reißig 100 fl., »um arme Familien damit zu unterstützen.«[122] Er berichtete, er habe das Geld »in der Freimaurerversammlung übergeben.« Natürlich ohne Quittung.

Sie schickte Reißig nach Leipzig, als Beobachter ans Reichsgericht, wo gerade darüber befunden wurde, ob Adele Spitzeder nun eine Kauffrau sei oder nicht. Er hatte wissen lassen, vorsichtig angedeutet, dass es dort an entscheidender Stelle Freimaurer gebe, die er kenne, auf die er Einfluss nehmen könne. Sie vertraute, setzte auch Hoffnung hinein, denn diese Kaufmannssache durfte keinesfalls geschehen. Reißig fuhr also nach Leipzig, mit Gulden und dem Versprechen, die Freimaurer für sie zu erbarmen. Natürlich konnte er rein gar nichts ausrichten. War auch nicht in Leipzig geblieben, telegrafierte nur kurz nach München, fuhr weiter nach Berlin. Seine Frau kam nach. Sie machten sich schöne Tage.

Die polizeiliche Beobachtung des Hauses wurde immer auffälliger. Adele reagierte wieder. Gendarm Georg Compensis, der ab und an Geld bei ihr anlegte, war der Erste. Sie stellte ihn zu einem interessanten Gehalt an, er wurde Portier, »weil ich mein Haus gut geschützt glaubte, wenn ich dasselbe einem früheren Gendarmen zur Bewachung übergebe«. Und sie hoffte, dass das behördliche Misstrauen gegen ein Haus, das von einem ehemaligen Gendarmen bewacht wird, schrumpft.

Der Polizeioffiziant Georg Zeitler, beauftragt mit der Beobachtung des Treibens in der Schönfeldstraße, schien ein vielversprechendes Ziel. Denn er sei doch sicher nicht zufrieden mit seinem Verdienst, so vermutete die Spitzeder. Denn damals wie heute: Der öffentliche Dienst der kleinen Leute ist schlecht bezahlt. Sie, also Adele Spitzeder und die *Dachauer Bank,* seien da ganz anders und auch großzügiger. Und also wechselte am 20. Juli 1872 Georg Zeitler den Dienstherrn. Er erzählt ihr, was sie wissen muss, über die Maßnahmen der Polizei, über die Verdachtsmomente, Beweise und Pläne. Und bekommt hierfür im Gegenzug eine Stellung als Aufsicht bei der Bank mit einem monatlichen Gehalt von 100 fl., weit mehr, als er vorher verdiente; außerdem wurde ihm die Aufsicht über sämtliche Bediensteten anvertraut, für einen gerade 24-Jährigen ein bedeutender Karriereschritt. Die Bediensteten waren wachsam. Zeitler war streng, wollte übererfüllen, wie oft, wenn man jungen Leuten Macht über andere gibt. Energisches Auftreten, Diensteifer, bald hat er den Spitznamen »Polizeispitzel«.

Er bekam Geschenke, eine goldene Taschenuhr, Brillanten. Adele musste sich seiner Loyalität versichern. Rosa, Georg Zeitler und Adele nahmen gemeinsam den Mittagstisch ein. Zeitler stellte ihr einen früheren Polizeikameraden, Walther, vor. Dessen Frau war schwanger, da wäre eine Stelle bei der Spitzeder doch lukrativer als die Polizei. Spitzeder stimmte zu, stellte ihn ein. Wurde Patin des Kindes. Zeitler und Walther pflegten Rituale. Spazierten jeden Vormittag um 11 Uhr durch den Garten, unterhielten sich. Niemand wusste worüber. Aber Gerüchte gingen um, dass die Polizei jeden Tag einen Lagebericht bekäme, seit Zeitler und Walther bei der Spitzeder'schen Privatbank seien. Spitzeder schenkte dem keinen Glauben. Sie hatte ja auch nichts zu verbergen. War Patin, großzügige Freundin. Und übersah die Gefahr. Die Augen, die immer nur von außen auf die Bank geblickt hatten, sahen sie nun von innen.

Adele brauchte die Loyalität ihrer Kunden vom Land. Diese durften nicht merken, was sich zusammenbraute, dass die Lage der Bank kritisch wird. Also macht sie mit Bediensteten und Rosa eine Landpartie nach Lenggries und in die Jachenau. Es wird üppig gespeist, es gab gebratene Hühner, auch Wein wurde getrunken, eine Zeche von 37 fl. kam zusammen. In Tölz wurde eine Pause eingelegt, beim Bierbrauer Weiß, Rosa und Adele tranken Bier, die Dienerschaft Wein.

Aber auch auf dem Land hat sich herumgesprochen, dass die *Dachauer Bank* in echter Gefahr einer Schließung steht. Die Leute glauben weniger an einen Bankrott, vielmehr an eine Verschwörung. Die *Dachauer Bank* müsse deswegen weg, weil sie den staatlichen Sparkassen Konkurrenz mache, weil sie das Geld der Leute der Kontrolle des Staates entziehe. Adele kommt aus Tölz zurück. Eduard Reißig aus Berlin, Adele glaubt, er kommt aus Leipzig. Hat leider nichts ausrichten können. Er hat sich bemüht. Adele glaubt ihm.

Im September 1872, zwei Monate vor dem Einzug der Gerichtskommission, zum Zeitpunkt der Gründung der Volksküche, betrugen die täglichen Einlagen der Spitzeder'schen Privatbank zwischen 130.000 und 150.000 Gulden. Die Bank schien sich zu einem Phoenix aus der Asche zu entwickeln, vor allem, wenn man berücksichtigt, dass kurz zuvor nur noch insgesamt 50.000 fl. vorhanden waren. Mag sein, dass das Rad, das Adele Spitzeder drehte, ihr selbst langsam zu groß und schnell wurde. Jedenfalls machte sie bekannt, dass sie ab dem 1. Januar 1873 nur noch 3 Prozent Zinsen pro Monat zu zahlen beabsichtigte.

Zwei Wochen vor dem Erscheinen der Gerichtskommission wurde es Adele doch mulmig. Sie wollte Rosa versorgt sehen und schenkte ihr 50.000 fl. Und sie fürchtete um die Barschaft. Legt fest, dass nur noch zwischen 6 und 7 Uhr früh ausgezahlt wird. Lange Schlangen schon in der Nacht waren die Folge.

Das Innenministerium warnte am 30. Oktober und am 5. November 1872 in großen Zeitungsannoncen vor der *Dachauer Bank*. Die Münchner Polizeidirektion unter Burchtorff folgte am 7. November. Adele geriet in Panik, übertrieb es mit ihrer direkten und strikten Art. Eine Schneidersfrau, die seit 3 Uhr nachts gewartet hatte, wurde nicht zur Auszahlung vorgelassen, weil der Andrang zu groß war. Und als diese endlich an der Reihe war, stoppte Adele Spitzeder die Auszahlungen mit Hinweis auf die Uhrzeit, dass nämlich Auszahlungen nur bis 7 Uhr erfolgten. Die Schneidersfrau hatte umsonst gewartet, schreit vor der Tür Zeter und Mordio, was drinnen Adele Spitzeder gar nicht gefällt. Sie lässt sie hereinholen, gab ihr aber nicht etwa ihr Geld, sondern ließ sie vom Portier Compensis, dem ehemaligen Gendarm, wegen groben Unfugs abführen und aus dem Hause werfen. Die Wirkung war verheerend. Adele Spitzeder hatte nicht ausgezahlt, ja, sich mit Gewalt eine Kundin vom Hals geschafft. Sie versuchte, die Situation zu retten. Ließ dem Gatten der Schneidersfrau am nächsten Tag das geschuldete Geld bringen. Doch es war zu spät. Weitere Gerüchte raunten durch die Straßen von armen Menschen, denen die Auszahlung des Geldes verweigert wurde.

Die Stimmung heizte sich auf. Am 10. November kam ein Brief herein, aus Oberbayern, in dem mit bäuerlich-krakeliger Handschrift steht: »Mut, Fräulein Spitzeder, zehntausend Bauern kommen mit den Sicheln und lassen Ihnen nichts tun.«

Aber auch anderes erreichte die Schönfeldstraße. »Euer Wohlgeboren, wir raten Ihnen, sich sofort bankerutt zu erklären. Nur so können Sie sich des Schutzes der Polizei versichern. Schicken Sie auf die Polizei und lassen Sie Ihr Geschäft sperren!«

Am Allerseelentag 1872 erzählte ihr Eduard Reißig, der ehemalige Reporter des *Freien Landesboten*, jetziger Wechselschreiber und angeblicher Freimaurer, der von Adele 100 fl. für die Armen bekommen und dies an die Freimaurer weitergegeben hatte, dass nunmehr auf dem Grabe des Josef Spitzeder ein Akazienzweig zum Danke liege, den wohl die durch die Spende begünstigten oder aber die Freimaurer selbst dort abgelegt hätten. Adele war entzückt. Und merkte erst nach dem Prozess, dass Reißig diesen Zweig wohl selbst auf das Grab gelegt haben mag.

Und nun brach der Sturm los. Die Gegner bündelten ihre Kräfte und bliesen zum finalen Angriff. Denn ein paar Wochen vor

dem Sturz wurden »die Leute in den Vorstädten Münchens sowohl als auf dem Lande aufgefordert [...] sich bei mir zu melden, um ihre Wechsel einzulösen; Gendarmen, welche bei mir
Gelder angelegt hatten, wurde strengstens befohlen, selbiges
zu holen«[123]. Und wie vor jedem Sturm waren auch bei Adele
Spitzeder Sturmvögel, die ihr den Rat erteilten »zu fliehen –
zu fliehen um jeden Preis!«[124] Einer dieser Sturmvögel war der
Rechtsanwalt Branntewein, der ihr am 11. November 1872 die
Flucht nahelegte. Adele hatte schon merklich gelitten, sie saß
im samtbezogenen Salon der Schönfeldstraße, rauchte ihre
Zigarre, sah alt und verfallen aus. Sie müsse fort, beschwor
Branntewein sie, wenigstens ein paar Wochen, am besten ins
Ausland. Die Asche der Zigarette fiel auf ihren Schlafrock,
hinterließ graue Häufchen, der Kontrollverlust, die Verwahrlosung und die Übernächtigung wurden sichtbar. Unmöglich,
so Spitzeder, sei das, natürlich habe sie auch schon darüber
nachgedacht. Eine Adele Spitzeder flieht aber nicht, keinesfalls. Allein die Vorbereitung einer Flucht: zu riskant. Überall
Spitzel. Der Zeitler, der Nebel, alle schlichen um sie herum,
beim geringsten Anzeichen, dass sie das Weite suchen würde,
säße sie doch sofort in der Polizeikutsche. Besser sei es, abzuwarten, redlich zu tun. Dabei zog sich die Schlinge weiter zu.
Am 8. November 1872 wurden etwa 15.000 fl. angelegt, aber
40.000 fl. abgeholt. Am 11. November wurden 8.500 fl. eingezahlt, aber 65.000 fl. ausgezahlt. Wenn das so weiterging, hatte
Adele Spitzeder nur noch wenige Tage.

Die Warnungen des Innenministeriums werden schärfer. Die
Bekanntmachung vom 10. November 1872 lässt an Deutlichkeit nichts zu wünschen übrig. Die *Dachauer Bank* beruhe »auf
einer verwerflichen Grundlage, daß die Art ihres Geschäftsbetriebes nur auf Ausbeutung des Unverstandes und der Habsucht berechnet ist.« Und auch die wirtschaftlichen Folgen

werden angedroht. Es »müssen die weitaus meisten Kapital-
einlagen verloren gehen«, auch wenn es eventuell Grundstü-
cke oder andere Werte gebe, deren Wert aber »zu der Höhe der
Verbindlichkeiten in keinem Verhältnisse steht. Gegenteilige
Versicherungen über Solidität, verbreitet von einem Teile der
Presse und von Agenten, welche Stadt und Land durchziehen,
sind erlogen.«[125]

»So Kanaille, jetzt geht's mit Dir zu Ende!«, flatterte per Brief
anonym in die Schönfeldstraße. Aber auch, ebenfalls anonym:
»Halten Sie mutig aus, man wird Sie schützen! Fahren Sie
heute nicht aus, die Polizei will Sie in Ihrem Wagen überfallen.
Ihr Haus ist bereits seit 8 Tagen bei Tag und Nacht überwacht.
Harren Sie aus! Ein Freund.« Tatsächlich blieb Adele in den
letzten Tagen in der Schönfeldstraße, zeigte sich dort, wollte
Vertrauen erwecken, bei ihren Kunden, aber auch bei ihren Be-
obachtern. Jeder Schritt aus dem Haus hätte als Fluchtversuch
gewertet werden können. Zu riskant.

Polizeikommissär Niederreither gab dem Portier Georg Com-
pensis die strenge Anweisung, niemanden abzuweisen, der
Geld abholen wollte. Niederreither war fleißig. Im Gasthaus
Wilhelm Tell sprach er die Leute an, redete mit ihnen über das
Wetter, Frau Spitzeder, das Leben. Er lernte dort Marie Sauer
kennen, eine Dienstmagd, die ihr ganzes Geld bei der Spitzeder'schen Privatbank angelegt hatte. Er deutete an, es gebe
Gerüchte, dass Adele Spitzeder gar nicht so zahlungsfähig sei.
Nichts Genaues weiß man nicht, oder besser gesagt, er könne nichts Genaues sagen. Er verabschiedete sich. Der Zweifel
keimt. Niederreither wird wiederkommen. Sprach mit einer
anderen Dienstmagd namens Menhardt. Wird konkreter. Bald
gehe es wohl zu Ende mit der *Dachauer Bank*. Da müsste man
sich nun schon überlegen, was man tun solle. Er verabschiede-

te sich. Und kam das nächste Mal in Begleitung des Gendarms Gabriel wieder, traf Marie Sauer und auch Fräulein Menhardt, die nun beide doch sehr verunsichert waren. Beide vertrauen ihm ihre Wechsel an, der Polizeiausweis und der Gendarm flößten Vertrauen ein. Der Handel war klar und barg nur Vorteile: Niederreither wird die Wechsel einlösen, denn ihm als Polizisten wird Spitzeder die Auszahlung nicht verweigern. Er wird den Betrag ohne Abzug den Fräulein wiedergeben, da gab er sein Wort als Polizist und Ehrenmann. Auch der Gendarm Gabriel ermutigte sie, die Wechsel dürften sie dem Herrn Kommissär ruhig anvertrauen. Nach und nach gelang es Niederreither, ca. 50 Gläubiger der *Dachauer Bank* zu überreden, ihre unfälligen Wechsel nicht in die Schönfeldstraße zu bringen, sondern ihm anzuvertrauen. Er ließ sie zu Advokat Berghofer bringen, der damit Material für seinen Gantantrag sammelte. Tragisch natürlich, dass die armen, gutgläubigen Dienstmägde mit den unfälligen Wechseln nun überhaupt kein Geld bekamen, denn sie konnten allenfalls aus der Gantmasse ausbezahlt werden. Sie waren Bauernopfer für die größere Sache, das Ende der *Dachauer Bank*.

Auch Franz Silchinger, dem Aufseher, dem früheren Kreditvermittler, dem Bestechlichen dämmerte die Gefahr. Er ließ 20 fl. in ein Kuvert der Spitzeder packen und schickte sie dem Kommissär Niederreither. Er, der sich immer mit wenigen Kreuzer bestechen ließ, um Wartenden die kostbare Zeit zu sparen, bemerkte nicht, wie kümmerlich das war, welches Missverhältnis zur Größe der *Dachauer Bank*. Niederreither meldete das dem Untersuchungsrichter Radlkofer. Der lud Adele Spitzeder vor. Ein erstes Zusammentreffen der beiden, kurz bevor er als Teil der Gerichtskommission die Schönfeldstraße hochnehmen wird. Sie versicherte glaubhaft, sie wäre nicht Absenderin des Briefs. Und das hatte sich Radlkofer auch schon denken können. Eine Spitzeder bestach mit anderen Summen. Silchinger wurde vorgeladen, gestand sofort, Adele ohrfeigte ihn und er kam vor Gericht. Der Bestechungsversuch war so kümmerlich, dass auch die Strafe kümmerlich ausfiel.

Niederreither ließ sich nicht aufhalten. War immer da, Tag und Nacht. Sprach mit Anna Jordan, dem Stubenmädchen. Klopfte des Nachts an ihr Fenster. Fragte, ob immer noch alles ausbezahlt werde oder ob schon Leute zurückgewiesen wurden. Fragte, ob schon Wertpapiere und Obligationen zu Geld gemacht wurden. Wenn ihr etwas auffalle, solle sie ihn ansprechen, in Kenntnis setzen, er sei immer da. Anna Jordan nickte. Sie hatte Angst. Erzählte Adele davon. Die verbot ihr, auf die Straße zu gehen und mit Niederreither zu sprechen.

Das Ende

Organisierte, gut vorbereitete Auszahlungsbegehren nahmen zu. Der Rechtsanwalt Ritter von Schultes präsentierte ein ganzes Paket von unfälligen Wechseln, deren Auszahlung er verlangte. Die Lage wurde bedrohlich. Das Depot bei Friseur Speier musste dran glauben. In mehr als 30 einzelnen Päckchen wanderten Staatspapiere und Gulden durch die Münchner Straßen in das Privathaus der Adele Spitzeder, und mit Quittung vom 10. November 1872 bestätigte Adele Spitzeder, dass alles, was im Salon Speier, bewacht von dessen Ehefrau gelagert hatte, in die Schönfeldstraße gebracht worden war. Am 11. November jedoch bekam Auguste Speier von Adele einen letzten Auftrag, nämlich amerikanische Wertpapiere im Wert von 100.000 fl. an der Handelsbank in Gulden einzutauschen. Es durfte nicht passieren, was mit der Schneidersfrau passiert war, dass Leute ohne ihr Geld gehen mussten und dabei Aufsehen erregten, die Lage war zu gefährlich. Und wenn sie das ganze Geld ausgeben musste, bis nur noch ein paar Gulden übrig seien, diesen Sturm musste sie überstehen.

In aller Herrgottsfrühe am 12. November standen vor dem Gebäude der Polizeidirektion in der Gruftstraße vier Zweispänner und eine Droschke, bereit auf den Einsatz und warteten stundenlang. Schnell hatte sich eine Menge Leute darum versammelt, Gerüchte gingen wieder von Mund zu Mund. Zur gleichen Zeit sammelten sich in der Schönfeldstraße die Leute, ahnend, was geschehen würde. Die üblichen Streifengänge der Polizei hatten sich verdoppelt, was auch der Spitzeder auffiel. Gerüchteweise hörte sie, dass im Hof des nahen Kriegsministeriums in der Ludwigstraße eine stattliche Anzahl an Soldaten aufmarschiert sei. Die Gerüchte gingen auch durch die Menge vor der Schönfeldstraße, die Ahnung der Menschen wird deutlicher. Was denn das zu bedeuten habe, fragte Spitzeder Georg Zeitler, der sich als ehemaliger Polizist mit so etwas doch auskennt. Er beruhigt sie, erklärt »mit dem unbefangensten Gesicht der Welt, es hätten diese Vorsichtsmaßregeln ihren Grund in den bevorstehenden Wahlen«.

Verzweifelt hämmerten die Leute an die Türe, verlangten den Beginn der Auszahlungen, ließen sich nicht beruhigen. Die Polizeistreifen schauten dem zu, hochinteressiert und tatenlos. Die Schönfeldstraße war ein Menschenmeer, kein Bürgersteig, kein Pflaster mehr zu sehen, aufgeregte, verzweifelte Menschen, zu denen die Kunde eines nahen Endes durchgedrungen war. Adele schickte Georg Zeitler zur Polizeidirektion in die Gruftstraße, er kämpfte sich durch die Menge, lief dorthin, wo die Zweispänner warteten, deren Ziel noch unklar war, aber schon geahnt wurde. Zeitler sollte um Abhilfe bitten, die Polizei dazu bringen, die »gaffende Menge Müßiggänger«, die verzweifelte Angst um ihr Erspartes hatten, vor dem Haus zu entfernen. Zeitler ging in die Polizeidirektion, wurde dort natürlich auch erkannt, war ja einer der ehemals ihren. Wurde vorgelassen zum Polizeidirektor Burchtorff und Polizeiassessor Pfister, dem Vecchioni im Februar geschrieben hatte, die Spitzeder bereite sich aufs Durchbrennen vor. Sprach mit beiden. Er hatte seine Pflicht getan. Kriegsrat wird gehalten. Burchtorff, Pfister, Zeitler.

Am späten Vormittag bestiegen dann sieben Herren die bereitgestellten Kutschen in der Gruftstraße. Wieder waberten Ahnungen durch die Stadt, die Schönfeldstraße sei das Ziel. Burchtorff und Zeitler am Fenster, sahen zu. Doch statt nach Norden wandten sich die Wagen nach Süden, zum Marienplatz, dann nach Westen, die Kaufingerstraße entlang zum ehemaligen Augustinerkloster, wo das Gericht untergebracht war. Es schien also doch eher etwas Alltägliches zu sein, die Menge zerstreute sich, enttäuscht, manche erfreut. In Wirklichkeit war dieser Schwenk die letzte Gnadenfrist der Spitzeder'schen Privatbank. Denn es waren nicht sieben harmlose Herren, die eben einen Termin im Gerichtsgebäude hatten, es war die Gerichtskommission, die beim Bezirksgericht die Akten betreffend die Gant der Adele Spitzeder abholte. Zeitler hatte natürlich bei der Polizeidirektion gar nichts ausgerichtet, nichts ausrichten wollen. Niemand kam, um die »gaffende Menge« zu entfernen. Zeitler kam auch nicht zurück in die Schönfeldstraße. Er hatte seine Schuldigkeit getan, der »grundfalsche Mensch. Mein Judas«.

Eine Stunde bevor die Gerichtskommission die *Dachauer Bank* schloss, »erschien Max Schulze, der ihr vor ein paar Monaten das Haus in der Maximilianstraße abkaufte, mit einem Paket Wechsel, welche von den Bediensteten des Irrenhauses stammen sollten. Obwohl die Wechsel samt und sonders noch nicht fällig waren, so löste ich dieselben doch ein«[126]. Etwas anderes blieb ihr angesichts des vollen Auszahlungsraums auch nicht übrig, denn hätte sie die Auszahlung verweigert, wäre dies ein Eingeständnis der Zahlungsunfähigkeit gewesen. Dann war Schluss. Die Gerichtskommission war vom ehemaligen Augustinerkloster auf dem Weg zur Spitzeder'schen Privatbank. Drei Wagen bogen von der Ludwigstraße, zwei von der Königinstraße her in die Schönfeldstraße ein. Die Straße war gerammelt voll, wie all die Tage zuvor, Tausende standen auf der Straße, die Kutschen hatten ihre Not hindurchzukommen.

Und dann war es so weit. Das Ende. Die Bank wurde zugesperrt. Adele Spitzeder verhaftet. »Ich war besiegt! Millionen waren durch meine Hände gegangen, Berge von Gold waren zu meiner Verfügung gestanden, die Wogen der Volksgunst hatten mich getragen, und nun war ich eine Gefangene!« Schnell wurden noch Wechsel zerrissen, Guldenpakete aus dem Fenster im ersten Stock in den Garten abgeseilt, dort wohl von Georg Compensis entgegengenommen, der sich nach der Schließung der Bank in glänzenden Verhältnissen befand.

Rosa ließ vom Bediensteten Jakob Nebel 50.000 Gulden zu ihrer Mutter bringen, der wurde aber dabei ertappt, und das Geld wurde beschlagnahmt. Die 50.000 Gulden, die Adele Spitzeder ihr geschenkt hatte, versuchte sie nach draußen zu schmuggeln, wurde aber auch erwischt. Auguste Speier platzte mit der schlechten Nachricht in die Verhaftung, dass die Einwechslung der amerikanischen Wertpapiere in Gulden, die Spitzeder am Vortag in Auftrag gegeben hatte, nicht durchgeführt werden konnte, da die Handelsbank einen Risikoabschlag von 40.000 fl. habe berechnen wollen. Die Gerichtskommission war an dieser Geschichte doch sehr interessiert. Adele Spitzeder verflucht Auguste. Und die amerikanischen Wertpapiere wurden beschlagnahmt. Sämtliche Anwesende im Haus, Hunderte, wurden aufgefordert, das Haus zu verlassen. Das Geschrei ist erbarmungswürdig. Vielen wurde nun klar, dass dies das Ende war, das Ende der Bank und damit ihrer Ersparnisse und Notgroschen. Sie baten händeringend, doch noch zur Auszahlung vorgelassen zu werden. Allein es half nichts, die Gerichtskommission hatte kein Erbarmen. Nach dreimaliger Aufforderung, das Gebäude zu verlassen, wurde das Gebäude geräumt, Wachen an der Tür aufgestellt und Adele Spitzeder, Rosa und die Bediensteten wurden festgenommen.

Adele Spitzeder wurden die vom Polizeikommissär Niederreither gesammelten Wechsel präsentiert. 13.000 fl, eine Bagatelle. Diese werde sie gleich einlösen. Nein, so die Gerichtskommission, das ginge nicht, der Verdacht der strafwürdigen Überschuldung läge vor. Denn nie und nimmer habe sie so viel Geld, alle ihre Schulden zu zahlen, da sei es nicht erlaubt, bestimmte einzelne, wie diese vorgezeigten Wechsel zu begleichen. Sie solle vielmehr die Bücher vorweisen.

Die Bücher kamen aus dem Schlafzimmer, es fehlte jede Übersicht. Eine derartige Buchführung hatte noch niemand gesehen. Es konnte nicht einmal festgestellt werden, wie viel Geld denn gerade in den Räumen der Spitzeder'schen Privatbank vorhanden gewesen sein müsste, ein Kassenbuch existierte nicht, nicht einmal eine Erkenntnis über Außenstände und Schulden ließ sich den Büchern entnehmen. Ein Quittungsbuch gab es, in dem die Kunden unterschrieben hatten, wenn sie Geld ausgezahlt bekamen. Allein die Namen und Unterschriften waren nicht zu entziffern, Schreibunkundige hatten die üblichen drei Kreuze gemacht. Dem Direktor der Handelsschule Reuschle standen die Haare zu Berge.

Und nach und nach trat das Ausmaß des Bankrotts zu Tage. Einem Vermögensstand von zwei Millionen Gulden stand eine Verschuldung von mindestens zehn Millionen Gulden gegenüber. In Wahrheit könnte die Verschuldung noch höher gewesen sein, denn es war sehr wahrscheinlich, dass sich nicht alle Kreditgeber gemeldet hatten. Mindestens 30.000 Anleger, wahrscheinlich aber noch viel mehr, wurden geschädigt und blieben auf ihren Forderungen sitzen. Die Auszahlungen der Gantmasse waren nur ein Tropfen auf den heißen Stein. Geschädigt waren die Armen. Arbeiter, Handwerker, Dienstleute, schwerpunktmäßig aus München und dem Münchner Umland, aus Bayerisch Schwaben, aus Niederbayern und Franken. Reiche Bürger hatten ihr Geld so gut wie nie bei Adele Spitzeder angelegt. Ihr gesamtes Geschäftsgebaren, ihr Umgang mit den Kunden, war auf die sogenannten kleinen Leute ausgerichtet. Eine zeitgenössische Karikatur zeigt einen Geschädigten mit der bitteren Unterschrift: »Viel war's nicht, aber alles.«[127] Der Jurist Ludwig Steub notiert: »Mehr als die Hälfte der hiesigen Dienstboten ist um ihren Nothpfennig betrogen; vom Lande kommen grausame Berichte über Verheerungen, die dort eintreten.«[128] Es wird von etlichen Selbstmorden berichtet.

Und auch König Ludwig II. nahm von der Verhaftung Notiz, jedenfalls wenn man dem Bericht seines Kabinettsekretärs Lorenz von Düfflipp glauben mag: »Ich lese in der Zeitung kürzlich von einer Spitzeder. Was hat es mit dieser Dame für eine Bewandtnis? Keinesfalls eine schöne, wie ich den Berichten entnommen?« »Majestät meinen die Adele Spitzeder, eine Betrügerin ersten Ranges, die es unter unglaublichen Vorwänden verstand, den Leuten die ersparten Groschen abzunehmen [...].« »Wie ist denn ein Solches möglich?« »Sie rechnete mit der Dummheit der Leute und verstand es, ihren Machenschaften ein frommes Mäntelchen umzuhängen [...].«[129]

Für die Münchner Zeitungslandschaft war der Bankrott entweder ein gefundenes Fressen oder aber verheerend. Die Jubelmeldungen der *Münchner Neuesten Nachrichten* waren vorhersehbar. Die zweite große Zeitung Münchens, der *Volksbote*, der kurz zuvor als Kreditsicherheit an Adele Spitzeder verpfändet wurde, musste sein Erscheinen einstellen. Der Herausgeber Karl Zander floh ins Ausland, die Gantkommission hätte ja den gewährten Kredit zurückgefordert.

Aber zum Zeitpunkt, als die Gerichtskommission sich über die Bücher hermachte, war dieses bittere Ende für Adele Spitzeder keineswegs sicher. So nervös, unruhig, kränklich sie wegen der Ahnung des nahenden Endes, die auf ihr lastete, in den letzten Wochen und Monaten war, so befreit hatte sie wieder in ihre selbstsichere Rolle zurückgefunden, als nun die Gerichtskommission versuchte, sich einen Überblick über die Bücher, über die Schulden und Bestände und das Vermögen der Adele Spitzeder zu verschaffen. Sie saß im Salon, rauchte Zigarren, betrachtete die Kommission beim verzweifelten Versuch, Klarheit zu gewinnen und versuchte, in den Augen der Männer ein Urteil herauszulesen. Mehr noch als neugierig war sie sichtbar empört über diesen Übergriff auf ihre Rechte. Rosa saß neben ihr, bleich, erschreckt, sah das Ende wohl deutlicher als sie.

Da flüsterte Adele Spitzeder, dass im Nebenzimmer noch Obligationen im Wert von 50.000 fl. lagen, die könne sie vielleicht retten. Rosa entschuldigte sich unter einem Vorwand, ging hinüber, fand die unentdeckten Obligationen unter einem Spitzendeckchen, trug sie in die Küche, wo die aufgelöste Anna Jordan, das Stubenmädchen saß und weinte, und band Anna die Obligationen an den Leib mit dem Auftrag, diese zu ihrer Mutter zu bringen. Das Band riss, Rosa war verzweifelt, stopfte die Obligationen in das Klavier und auch ein paar in die Sofaritzen. Vielleicht konnte sie etwas retten.

Viel Chaos herrschte in den letzten Minuten der Spitzeder'schen Privatbank. Die Betrügerin wurde zur Betrogenen. Bedienstete, auch Polizeibeamte stahlen, was herumlag. Das Depot im Schlafzimmer war beschlagnahmt worden, doch als es am Abend abtransportiert werden sollte, fehlten 100.000 fl. Ein Sack Marientaler war gänzlich verschwunden, der im hohlen Betschemel versteckt war. Von der Existenz dieser Marientaler wusste die Gerichtskommission nichts, sondern erfuhr erst davon, als Adele Spitzeder schon im Gefängnis saß. In der Zwischenzeit hatte diesen Sack jemand an sich genommen. Er blieb verschwunden.

Die Kommission durchsuchte sämtliche Schubladen. Obenauf lag jeweils ein Kruzifix und ein Marientaler. Gegen 9 Uhr hatte die Kommission einen groben Überblick gewonnen, und Adele Spitzeder und Rosa Ehinger wurde der Haftbefehl eröffnet, da sie keine Vermögenaufstellung beibringen konnten. Dies warf Adele Spitzeder nun doch aus der Bahn. Sie sank auf das Sofa, und ihr wurden ein paar Stunden Ruhe gewährt. Der Polizeiarzt befand um Mitternacht, dass sie transportfähig sei. Auch die Bediensteten waren mittlerweile aus dem Hause geschickt worden, und es liegt der Verdacht nahe, dass einige das Haus in der Schönfeldstraße reicher verließen, als sie es betreten hatten. Mittlerweile war die Schönfeldstraße menschenleer, als alle gemerkt hatten, dass Schreien und Weinen nichts bringen würde, und die Polizei hart durchgegriffen hatte. Alles wurde versiegelt, Adele, Rosa und ihr Hund Daisy stiegen in den verhängten und geschlossenen Wagen, der nun durch München ratterte, auf dem Weg ins Schuldgefängnis.

Nach dem Ende

Nun erschütterte das Entsetzen die Stadt und das Umland. Am 13. November 1872 titelten die Morgenzeitungen in ganz Bayern, dass die Krise über die *Dachauer Bank* hereingebrochen war. »Die Stadt ist in fieberhafter Aufregung, eine Nachricht jagt die andere ...«, schrieben die *Neuesten Nachrichten*. Tausende kamen nach München, um zu retten, was zu retten war. Sie eilten in die Schönfeldstraße, fanden außer einer verzweifelten Menschenmenge und versiegelten Eingängen nur die barschen Hinweise, dass Forderungen gegen die Spitzeder'sche Privatbank bei Gericht angemeldet werden müssten. Der Gantkommissar hatte ein schweres Amt. Schon bald hatten sich 33.000 Gläubiger gemeldet. Und der Gantkommissar musste von einer gewaltigen Dunkelziffer ausgehen, gab es doch viele, die sich schämten, auf einen solch plumpen Betrug hereingefallen zu sein. Einige ertrugen lieber stillschweigend den Verlust ihres Geldes, als sich die Blöße zu geben und einzugestehen, dass man irrwitzigen Zinsversprechen geglaubt hatte und dass man mit kaufmännischem Verstand hätte erkennbar müssen, dass sie niemals erzielbar gewesen wären. Doch es waren vor allem jene auf die Anmeldung der Forderung angewiesen, die wirklich alles verloren hatten. War es doch die einzige Hoffnung, wenigstens einen Teil der Notgroschen wiederzubekommen. Auch ganze Gemeinden waren in schwere Not gekommen. Ingolstadt hatte 140.000 fl. eingebüßt, Aichach 30.000 fl. und Altomünster 20.000 fl. Eine Selbstmordwelle erschütterte das Land. Die Versuche, das Vermögen der Adele Spitzeder zu sammeln und zu verwerten, waren mühsam. Am 11. Dezember 1872 wurde die Wohnungseinrichtung versteigert, Möbel, Schmuck, Gemälde, Flaschenweine. Die Versteigerung fand in der Westendhalle in der Sonnenstraße statt, die Adele nur ein

halbes Jahr zuvor gekauft hatte. Geschenke wurden zurückgefordert, Schulden eingetrieben. Doch hierzu später.

Ankündigung der Versteigerung in den Neuesten Nachrichten

Vierter Akt:
Haftzeit, Freiheit, Tod

Der Gefangenentransport kam am 13. November 1872 um 0:30 Uhr im Schuldgefängnis in der Baaderstraße an. Gemeinsam mit ihrer treuen Freundin Rosa, dem Gerichtsvollzieher Schneider, der auch Teil der Gerichtskommission gewesen war, dem Hund Daisy und zwei Vollzugsbeamten betrat Spitzeder ihr neues Zuhause. Der Gefängnisverwalter hieß Franz Schnitzlein, er stellte den Damen das Zimmer des Gerichtsarztes Dr. Martius zur Verfügung. Auf dem Verhaftungsprotokoll findet sich der Hinweis des Gerichtsvollziehers, dass Adele Spitzeder ihre Unterschrift auf dem Protokoll aus nicht angegebenen Gründen verweigerte.

In das Zimmer des Gerichtsarztes wurden zwei Betten gebracht, es war also fürs Erste eine sehr bequeme Verhaftung, wenngleich die Tür natürlich abgesperrt war. Immerhin aber war das Zimmer mit einem Schreibtisch, einem Klavier und roten Plüschmöbeln ausgestattet. Und so verbrachte Adele Spitzeder ihre erste Nacht in Haft unter luxuriösen Umständen, mit Rosa an ihrer Seite.

Am nächsten Tag um 8:30 Uhr fühlte sich Spitzeder nicht in der Lage, das Bett zu verlassen, hatten doch »die Kräfte meines Körpers mit denen des Geistes nicht im gleichen Schritt gehalten«[130]. Das Frühstück, serviert auf einem Porzellanservice,

blieb unberührt. So war Adele Spitzeder dann an diesem ersten Tage krankgeschrieben, ihr wurde vom Gerichtsarzt Dr.
Martius und auch von ihrem Hausarzt Amann, dem die Untersuchung gestattet wurde, Bettruhe verordnet. Am darauf-
folgenden Tag ging dann das Verhör weiter. Auf die Frage nach
weiteren Vermögensgegenständen wurde ihr noch das Kreuz,
das sie um den Hals trug, abgenommen. Nachdem sie am
dritten Tag wieder genesen war, erfuhr sie von Dr. Faist, dass
der Gantkommissär[131] bisher noch keine Überschuldung habe
feststellen können. Dies ist auch kein Wunder. Die Uhren liefen langsam im Jahr 1872, und die Gläubiger wurden erst an
ebenjenem Tage durch die offiziellen Verlautbarungen in den
Zeitungen aufgefordert, sich zu melden. Die *Münchner Neuesten Nachrichten* meldeten zudem, dass Advokat Berghofer, der
mit seinem Gantantrag die Lawine ins Rollen gebracht hatte,
anbot, alle Gläubiger kostenlos zu vertreten. Ein Ansinnen,
das Adele Spitzeder natürlich übel aufstieß und sie spöttisch
bemerken ließ: »Doch soll diese billige Offerte reiche Früchte
getragen haben. Dieser Anwalt hatte nämlich wenigstens ein
Drittel meiner Gläubiger zu vertreten, d. h. er hatte für die große Mühe, zu erklären, daß A, B, C oder D für seine Wechsel
so und so viel liquidieren [müssten], und die weitere juristisch
äußerst schwierige Aufgabe, den Anteil seiner Klienten in
Empfang zu nehmen und solchen nach Abzug seiner Deser-
viten- und Inkassospesen an dieselben [die Klienten] übermit-
teln, ein nicht unbedeutendes Honorar«[132].

Untersuchungshaft

Am Samstag, dem 16. November 1872, war dann dem komfor-
tablen Zweierzimmer mit roten Plüschmöbeln ein jähes Ende
beschieden. Untersuchungsrichter Radlkofer eröffnete Adele

Spitzeder, dass es hier nicht mehr nur um eine Zivilverhaftung nach dem Gantrecht ging, und zwar mit der Begründung, dass sie keine Aufstellung ihrer Vermögen und Schulden leisten könne, sondern dass sich nun der Verdacht des betrügerischen Bankrotts erhärtet hätte, er also nun die Untersuchungshaft verhänge. Rosa musste Adele verlassen, was natürlich unter vielen Tränen geschah. Der Haftbefehl wurde erlassen, und zwar hauptsächlich mit der Begründung, dass am 12. November, also am Tag als Volk und Gerichtskommission die Bank stürmten, Verschleppungen[133] vorgekommen seien. Daneben sei Adele Spitzeder des einfachen Bankrotts verdächtig, da sich Lebensaufwand und zur Verfügung stehende Mittel in keinem vernünftigen Verhältnis befunden hätten, was sie – und dies war der dritte Vorwurf aufgrund des Fehlens von Handelsbüchern – eventuell auch nicht gemerkt hatte. Dass sie all diese Vorwürfe aufs Schärfste und Entrüstetste zurückwies, versteht sich von selbst.

Eine Gefängniszelle wurde dann am Sonntag hergerichtet, die Tür mit Doppelschloss, dazu zwei vergitterte Fenster mit blinden Scheiben, die nicht mehr als einen Spalt geöffnet werden konnten, dazu immerhin grüne Gardinen und ein gelber Anstrich. Ein Tisch mit zwei Bänken, alles am Boden befestigt, außerdem drei Betten, die an die Wand geklappt werden konnten. Dieses Zimmer wurde nun für drei Jahre und zehn Monate ihre neue Heimat. Obwohl das Zimmer für drei Gefangene eingerichtet war, blieb Spitzeder Einzelgast und wurde auch sonst »mit der größten Höflichkeit und Achtung behandelt«[134].

Am Montag, das war der 18. November 1872, erschien wieder einmal der Untersuchungsrichter Radlkofer und setzte das Verhör fort. Spitzeder blieb dabei, nie eine Kauffrau gewesen zu sein, sondern rein privat gehandelt zu haben. Sie reichte

Haftbeschwerde ein, die der Untersuchungsrichter proto-kollierte. Dann stellte sie Strafantrag gegen ihre Mitarbeiter wegen aller in Verdacht kommender Delikte. Denn es könne ja nur so sein, dass die selbst bestohlen worden sei, denn eigent-lich sei genug Geld da gewesen, alle Verbindlichkeiten zu er-füllen, und wenn jetzt Geld fehle, dann müsse das in gierigen Taschen verschwunden sein.

Zum Teil des Verhängnisses wurde die Schenkung an Rosa über 50.000 fl., die zwei Wochen vor der Eröffnung der Gant geschehen sein soll, wie Adele in einem späteren Verhör einge-stand. Denn mit dieser Schenkung hatte sich dann Rosa selbst ein wenig als Geldverleiherin betätigt und die Unterlagen dann noch am 12. November beiseitegeschafft. Der Verdacht des gemeinschaftlichen Betrugs drängt sich dem Betrachter und drängte sich auch dem Untersuchungsrichter auf. Und diesen Verdacht nährten die sonderbaren Umstände, wie das Ver-mögen beiseitegeschafft werden sollte: Dem Stubenmädchen Anna Jordan wurden mehrere Schuldscheine unter das Kleid gebunden. Leider war aber dann das Band, das die Papiere fest-halten sollte, gerissen. Der Kammerdiener Jakob Nebel brachte weitere 50.000 fl. versteckt zu Rosas Mutter, wurde allerdings auf frischer Tat ertappt. Andere Schuldscheine waren im Kla-vier versteckt, allerdings so schlecht, dass sie schnell gefunden wurden. Ein paar Schuldscheine hatte Rosa dann noch der Kö-chin mitgegeben, die diese dann mit nach Hause genommen hatte. Natürlich wusste Adele Spitzeder von alledem nichts.

Anfang Dezember erkrankte sie. Eine Wärterin pflegte sie, nachts wurde sie von Alpträumen geschüttelt. Halluzinatio-nen verfolgten sie, ein die Wand entlangwandernder Schatten zog an ihrem Bett vorbei, in dem sie im Schweiß lag. Sie habe ihren eigenen Tod gesehen, beteuerte sie der Wärterin. Diese versuchte sie zu beruhigen, sie solle ruhig sein, ruhig bleiben. Die folgenden Nächte kehrte der Schatten wieder, und am 14. November erhielt Adele die Nachricht, dass ihre Mutter im Sterben lag, getroffen von einem Schlaganfall. Am 15. Dezember, gut einen Monat nach der Verhaftung, starb Betty Vio, verwitwete Spitzeder. Adele wurde wieder gesund.

Die Verhöre und die Untersuchungshaft gingen weiter, den Ehering der Mutter durfte Adele als Erbe erhalten, und er wurde nicht der Gantmasse hinzugefügt. Die restliche Erbschaft wurde versteigert, zunächst zur Deckung der Beerdigungskosten, der Rest des Erlöses wurde der Gantmasse hinzugefügt.

Der Präsident des Schwurgerichts, Appellationsrat Müller, besuchte Adele Spitzeder schließlich in der Zelle. Er riet ihr zum Verteidiger Angstwurm, einem erfahrenen Strafrechtler, der ausgezeichnet vortrage. Sie war einverstanden. Die Treffen mit Angstwurm verliefen hoffnungsfroh. Die Vorwürfe könnten sicher leicht ausgeräumt werden. Sie habe Rosa 50.000 fl. geschenkt, jedoch schon zwei Wochen bevor die Gerichtskommission aufgetaucht sei. In den Wirren der Sperrung der Bank sei sie viel betrogen und bestohlen worden, sie selbst habe nie versucht, Geld zu verschleppen. Wenn also zum Zeitpunkt der Sperrung der Bank nicht genug Geld vorhanden war, dann nur deswegen, weil sie dreist bestohlen worden war. Und der dritte Vorwurf, dass sie nämlich keine Handelsbücher geführt hätte, war ja auch leicht auszuräumen. Denn zunächst hatte ja das Handelsgericht bestätigt, dass sie kein Handelsgeschäft geführt habe. Und dann, als sich das Handelsgericht unbegreiflicherweise umentschieden hatte, waren ja noch die Revisionen dagegen anhängig. Und am Ende war ja der Antrag auf Eintragung ins Handelsregister schon beinahe fertig und sie sei auch kurz davor gewesen, eine ordentliche Buchführung einzuführen. Aber dann sei ja schon die Gerichtskommission gekommen.

Und schließlich wäre der Kommissär Niederreiter wenigstens in einem Graubereich vorgegangen, denn es hatte sich ja nur um unfällige Wechsel gehandelt, die er gesammelt hatte. Adele sah sich gut gerüstet und willens, alle Irrtümer aufzuklären.

Der Prozess

Der Prozess begann gute acht Monate nach der Verhaftung, am 14. Juli 1873, morgens um 8 Uhr im ehemaligen Augustinerkloster in der Kaufingerstraße. Das Trauerjahr war noch nicht vorüber, Adele Spitzeder trug daher Schwarz, einen Mitleids-Kollateralnutzen hat sie wohl in Kauf genommen. Ihr ohnehin kantiges Gesicht war in der Haft noch härter geworden. Seit einer Stunde wartete sie schon im Gerichtsgebäude, sie war früh abgeholt worden, um eventuelles Aufsehen zu umgehen. Tatsächlich waren die Straßen um das Gericht von Schaulustigen gesäumt, hauptsächlich von Arbeitern, teilweise noch unentschieden, ob hier ihre verratene Gönnerin oder eine Verbrecherin vorbeigefahren wurde. Das Gebäude und der Saal waren schwer bewacht. Der Eintritt in das Gerichtsgebäude war nur gegen besondere Eintrittskarten gestattet. Im Hof war Militär postiert, in den Gängen die Gendarmerie. Und tatsächlich kam es während des ganzen Prozesses nicht zu Unruhen, die Stadt war erstarrt. Adele Spitzeder wurde in ein Nebenzimmer des Gerichtsgebäudes gebracht, in dem sie auch Pausen und andere Wartezeiten verbringen sollte. Auch vor diesem Zimmer war Bewachung angeordnet, nicht nur aus Angst vor einer Flucht, sondern auch aus Sorge vor Befreiungsversuchen. Diese Versuche hätten natürlich von Sympathisanten ausgeführt werden können, wahrscheinlicher aber von Verzweifelten, die jeden Strohhalm ergreifen mochten, um vielleicht in einem nichtstaatlichen Verhör zu erfahren, ob denn nicht noch irgendwo Reste ihres Gelds seien. Adele verstand die Bewachung natürlich als Signal, dass sie des Volks Geliebte war und der Staat sozusagen eine Revolution fürchtete. Um 7 Uhr und 55 Minuten am Morgen des 14. Juli 1873 betrat Adele Spitzeder den Gerichtssaal.

Sie war nicht die Erste. Die Hautevolee war erschienen, im Ganzen war der Saal sehr voll und das Publikum gespannt. Es war so voll, es hätte »im wahren Sinne des Wortes kein Papier zu Erde fallen«[135] können. Anders als im heutigen Deutschland gab es im 19. Jahrhundert im Deutschen Reich noch Geschworenengerichte.[136] Den 15 Geschworenen oblag es, über Schuld oder Unschuld zu befinden, die Richter setzten das Strafmaß fest. Die Richterbank stand erhöht auf einem Podium, links der Richterbank der Tisch des Staatsanwalts, rechts saßen die Geschworenen. In der Mitte des Raums stand ein Tisch für die Verteidiger, Rechtsanwalt Angstwurm für Adele und Dr. Gutbrod für Rosa, und neben diesem Tisch stand je ein Stuhl für die Angeklagten. Rosa saß bereits, mit einem Schleier vor dem Gesicht, sie begrüßten sich leidend, voller Weltschmerz, wie es zwei fromme Damen tun, denen großes Leid zugefügt wird, in das sie sich jedoch voller Gottvertrauen begeben. Beim Blick in den Zuschauerraum wäre der Betrachter leicht ins Zweifeln gekommen, ob diese Veranstaltung wirklich eine Gerichtsverhandlung sei oder nicht doch viel eher eine Uraufführung am Hoftheater. Operngläser und Lorgnetten wurden gezückt, um dem Schauspiel besser folgen zu können, ein Geflüster raunte durch die Menge, als Adele Spitzeder sich setzte und in ihrer gottesfürchtig demütigen Haltung auf ihr Schicksal wartete.

Vor den Zuschauern, in den ersten Reihen des Publikums saßen die Pressevertreter, Korrespondenten der Blätter aus allen Teilen des Deutschen Reichs, aus Österreich und der Schweiz, unter ihnen triumphierend die *Münchner Neuesten Nachrichten*, daneben heimlich trauernd, sich aber vorsichtigerweise schon lange von Spitzeder öffentlich distanziert, die konservativ-katholischen Blätter, die *Augsburger Postzeitung* und das *Bayerische Vaterland*. Die Distanzierung des *Freien Landesboten* erfolgte so gründlich, dass der Verleger Bolster sich als Zeuge der Anklage zur Verfügung stellte. Die *Neue Freie Volkszeitung*, eines der Blätter aus dem Spitzeder-Zeitungsimperium druckte Pamphlete gegen sie, Redakteur Marchner war froh, aus der Abhängigkeit herausgekommen zu sein. Und Berichte über den Prozess versprachen eine Steigerung der Auflage und damit mehr Umsatz. Ein wenig peinlich war es dann schon, als im Prozess der Brief von Julius Marchner an Adele Spitzeder verlesen wurde, in dem er anbot, ihr täglich die Schuhe zu putzen. Über diese Episode schwieg sich die *Neue Freie Volkszeitung* aus. Auch die damals renommierteste und wichtigste Zeitung aus dem süddeutschen Raum, die *Augsburger Allgemeine Zeitung*, berichtete ausführlich.

Um Punkt 8 Uhr betraten die Geschworenen den Raum, die Richter und Staatsanwalt Barsch, eine feierliche Prozession der Gerechtigkeit. Die Luft war schon jetzt zum Schneiden. Es folgten die Vereidigung der Geschworenen und die Verlesung der Anklageschrift; letztere war bereits vor der offiziellen Verlesung wörtlich in den *Münchner Neuesten Nachrichten* zu lesen. Die Beteiligten wussten also, was auf sie zukam.

Insgesamt 130 Zeugen waren geladen, 97 Belastungszeugen kamen zum Prozess und 17 Entlastungszeugen. Der Rest war nicht erschienen, einige wollten sich kritischen Fragen im Prozess

wohl auch nicht aussetzen. Georg Compensis und Alfred Jochner waren flüchtig. Deren Aussagen wurden teilweise schriftlich
zu Protokoll genommen. Die Prozessordnung war pragmatisch.

Adele Spitzeder vor Gericht, zeitgenössische Karikatur

Hier rächte sich die Empörung, die Adele Spitzeder bei ihrer Verhaftung zur Schau gestellt hatte. Denn in ihrem Willen, sich selbst über jeden Verdacht zu erheben und reinzuwaschen, hatte sie doch einige Verdächtige für die unlauteren Geschäftspraktiken und die fehlenden Einlagen genannt. Diese durch Spitzeder »gebrandmarkte Gesellschaft«[137] sah nun den Tag der Rache gekommen. Sie alle stellten sich als Belastungszeugen zur Verfügung.

Die Prozessordnung sah vor, dass alle Zeugen zu Beginn der Versammlung anwesend sein mussten, auch wenn die Zeugenaussage selbst vielleicht für einen anderen Tag geplant war. Adele Spitzeder wusste also, wie gut ihre Chancen standen. Und es dauerte natürlich allein schon eine beträchtliche Zeit, die Anwesenheit aller 114 Zeugen und die Abwesenheit der 16 fehlenden Zeugen festzustellen.

Das Präsidialverhör

Oder, mit anderen Worten: Was Adele Spitzeder zu den Vorwürfen zu sagen hatte. »Ich stehe zum ersten Mal vor Gericht und soll mich einer Anklage gegenüber verantworten, deren Richtigkeit ich nicht anerkenne. Ich hatte keinerlei Absicht, irgendjemand zu benachtheiligen, habe meine Zahlungen nicht eingestellt und hätte bei dem enormen Kredit, der mir freiwillig entgegengebracht wurde, nie und nimmermehr Bankrott gemacht.« Tatsächlich, das stimmt natürlich. Das Rad hätte weitergedreht werden können, und es hätten sicher auch noch einige andere Geld angelegt. »Der erste Entscheid des Handelsgerichts sprach aus, ich sei keine Kauffrau und hätte deshalb auch nicht die Verpflichtung, mich in's Handelsregister einzutragen. Trotzdem beabsichtigte ich, meine Bücher kaufmännisch einzurichten. Ich gab ja auch mein Ausleihgeschäft auf, damit man, solange die Bücher nicht kaufmännisch eingerichtet waren, ja nicht behaupten konnte, ich übe die Befugnisse eines Kaufmannes resp. eines Bankiers aus. Auch handelte ich mit Wertpapieren nie und meine Anmeldung beim Magistrat geschah nur deshalb, weil ich den Staat um keinen Pfennig Steuer benachteiligen wollte. Die Presse, jedoch nur einen Teil davon, beeinflußte ich nur in der Weise, als ich mich vor vermutlichen schmählichen Angriffen zu schützen suchte. Inserate, um das Publikum anzulocken, sind niemals veröffentlicht worden. Ich hatte dies auch gar nicht nötig, da mir der Kredit ja ohnehin dergestalt an den Kopf geworfen wurde, daß ich ihn mit Gewalt zurückweisen mußte. In der Tat war ich oft nicht im Stande, weitere Gelder anzunehmen, da mir zuletzt die Finger den Dienst versagten, um weitere Wechsel unterschreiben zu können. Mußte ich doch oft Tag für Tag 7–800, oft 1.000 und mehr Wechsel unterzeichnen.«

All das war für sich genommen nicht unwahr, aber ein Puzzle ist nun einmal mehr als die Menge aller Einzelteile. Aber Adele Spitzeder versteht ihre Rolle der missverstandenen, gutherzigen Gönnerin. Und schließlich ruft sie als Zeugen, dass sie niemanden benachteiligt habe, ihre 30.000 Gläubiger auf, die sie angeblich haben solle. Freilich – einige von denen hatten sich schon in den Selbstmord geflüchtet. Von einer Überschuldung, also davon, dass sie eventuell nicht mehr die Möglichkeit gehabt hätte, alles eingelegte Geld mit Zins zurückzuzahlen, könne überhaupt keine Rede sein. Man hätte sie nur mal machen lassen sollen, die Verhaftung sei einfach zur Unzeit gekommen: »Meine Spekulationen und Projekte, auch meine Häuser, hätten mir bedeutende Renten eingebracht«[38]. Jedoch: Die Häuser, die der Gantmasse zufielen, konnten die Verbindlichkeiten nur zu einem winzigen Teil bedienen. Und ob sie

mit einer Bäckerei am Platzl oder einem Schleißheimer Wald
tatsächlich alles und noch mehr hätte bedienen können, darf
bezweifelt werden. Aber »auch wäre der Zinsfuß vom Jahr 1873
bedeutend von mir herabgesetzt worden«[139]. Und außerdem
war Advokat Dr. Hettersdorf schon mit einem ersten Entwurf
zur Eintragung ins Handelsregister beschäftigt gewesen. Aber
dann kam ja die Verhaftung und zerstörte alles. Pläne und das
Geld der kleinen Menschen, die in sie ihr Vertrauen gesetzt
hatten. Ein Wunder, dass Staatsanwalt, Polizei und der gesamte Apparat überhaupt ruhig schlafen können.

Und eine Sache sei ihr noch wichtig! Die 50.000 fl. »habe ich
der Rosa Ehinger wirklich geschenkt, von einer Verschleppung
kann also deswegen keine Rede sein und von anderweitigen
Verschleppungen, die nach der Sperre in meinem Hause vorgekommen sein sollen, wußte und weiß ich noch nichts, außer
dem, was mir der Untersuchungsrichter mitteilte.«[140]

Sie hatte ihre Sache gut gemacht. Überzeugend, bodenständig,
engagiert, hatte sie voller Herzblut und unter Tränen vorge-
tragen. Sie war so stark eingenommen von der gerechten Ab-
wehr gegen übelmeinende Vorwürfe und unrechte Anwürfe,
»mein Seelenschmerz zu groß«[141], dass sie am Schluss ihrer
Verteidigungsrede bewusstlos zusammensank. Ob Schauspiel
oder Selbstüberwältigung – das Timing war perfekt. Und auch
die folgende Inszenierung. Denn nach der Darstellung der Ge-
fühlsgetriebenen folgte die sich dem Schicksal ergebene, die
außer Schlechtigkeit von den Menschen nichts mehr erwartet,
aber es den Menschen auch nicht übelnimmt. Das Schwein,
der Mensch, könne eben nicht anders, es habe ja auch keinen
Zweck zu zürnen, dass die Vögel fliegen.

Anders Rosa, die jeden Prozesstag in Weinen und Wehklagen ausbrach, zwei Frauen, links die zur Salzsäule erstarrte und rechts die »getreue Kopie der büßenden Magdalena«.[142] Insgesamt lief es für Rosa ganz gut. Sie bestätigte, dass Adele ihr 50.000 fl. geschenkt habe, hierfür gab es auch eine ganz einleuchtende Erklärung, die nichts mit einem vorausgeahnten Ende der Bank zu tun habe. Denn es hatten ja üble Gerüchte die Runde gemacht, dass Rosa ganz vielleicht und doch sehr wahrscheinlich mehr gewesen sei als eine bloße Gesellschafterin und Freundin. Dass Rosa am Ende sogar nicht nur den Arbeitsplatz mit Adele teilte, sondern neben Tisch auch noch Bett. Und um Rosa für diese üblen Gerüchte zu entschädigen, habe Adele ihr eben 50.000 fl. geschenkt. Unklar blieb, wie und warum sich dann weitere 50.000 fl., versteckt an Jakob Nebel, auf den heimlichen Weg zu Rosas Mutter gemacht hätten. In Adeles Augen jedenfalls blieb es unaufgeklärt, denn gerichtsfest sagte Jakob Nebel aus, er habe dieses Geld in Adeles Auftrage heimlich zu Rosas Mutter schaffen sollen. Eine Falschaussage, natürlich, so Adele. In den Augen des Gerichts ein schwerer Vorwurf, denn da ja in Anwesenheit der Gerichtskommission solche Anweisungen nicht möglich gewesen waren, war klar, dass dieser Ernstfall vorher schon bedacht und geplant worden war, nämlich Geld außer Reichweite zu schaffen.

Das Verhältnis zwischen Rosa und Adele spielte ohnehin eine wichtige Rolle, und die Mischung aus Sensationsgeilheit und Abscheu ließ sich beinahe mit Händen greifen. Da wurden Zeuginnen »befragt, ob ich und die Ehinger uns oft geküßt hätten«[143]. So ganz passte dann diese Beziehung doch nicht zum Bild der frommen Stifterin von Kirchenglocken und Mäzenin von Bettelorden.

Belastungen

Echte Belastungszeugen traten auf, auch Leumundszeugen, das Gesamtbild verschlechterte sich nach Adeles meisterhafter Darbietung zusehends. Eine ehemalige Tänzerin des Hoftheaters, mit der Adele Spitzeder noch aus ihren Schauspielzeiten bekannt war, bestätigte, dass Adele ganz grundsätzlich »nicht wahrheitsliebend«[144] sei und schon damals ausführlich Schulden gemacht habe. Ein Zimmermädchen vom Goldenen Stern sagte aus, dass Adele ihr gegenüber einmal erwähnt hatte, dass es ihr größtes Vergnügen sei, »einmal Geldgeschäfte machen zu können«[145]. Der Redakteur Fränkel ließ sich mit einem Attest entschuldigen. Ein plötzliches Leiden verhindere seine Aussage, die er aber nachholen werde, sobald sein Gesundheitszustand sich bessere. Das Leiden dauerte so lange wie die Verhandlung, daher wurde seine unendliche Aussage verlesen, Adele Spitzeder habe ihm damals von »geheimnisvollen Unterstützungen« erzählt, weswegen es mit ihrer Bank nie zum Ernstfalle kommen könne.

Napoleon Homolatsch erschien ebenfalls nicht, also wurden seine früheren, unvereidigten Aussagen vorgelesen. Er sei Auszahler gewesen, außerdem habe Spitzeder ihm erzählt, dass sie mit dem österreichischen Erzherzog ein lukratives Geschäft gemacht habe. Schifferl, ehemaliger Bediensteter Spitzeders, gab zu Protokoll, dass Adele doch mit Sicherheiten geworben hatte, aber eben geschickt, nämlich indem sie Gerüchte über »geheime Hilfsquellen« gestreut hatte. Hier erwachte die Salzsäule zum Leben, rief »Lügner« und handelte sich einen Ordnungsruf ein.

Am 16. Juli, dem dritten Verhandlungstag, wurden insgesamt 13 Zeugen gehört. Fränkel, der Wirt des Deutschen Hauses, bezeugte die herrschaftlichen Diners in den gemieteten Zimmern. Es folgten einige ihrer ersten Einzahlerinnen, auch die Zimmermannsfrau aus der Au, mit der alles den Anfang nahm. Dann kamen die sogenannten Auflegerinnen, die durch Provision gelockt, Kunden für die Spitzeder'sche Privatbank warben und so zwischen 10 und 20 fl. täglich verdienen konnten, wie Anna Bär, eine der erfolgreichsten Werberinnen, bezeugte. Anna Huber, Holzmagd aus der Au, sagte aus, wie alles seinen Anfang nahm. Immer mehr Leute hatten sich von dieser Möglichkeit der Geldanlage erzählt, die Neuigkeit von der im Österreichischen Hof hatte sich wie ein Lauffeuer verbreitet, und auch die, die anfangs skeptisch waren, mussten einsehen, dass alle, die dort ihr Geld anlegten, »nicht mehr wie unsereins aussahen«. Es lohnte sich also. Am Ende hatte die ganze Au investiert.

Auguste Speier und ihr Mann, der Friseurmeister Speier, schilderten das Depot in ihrem Salon und wie es in den ersten Novembertagen 1872 nach und nach aufgelöst wurde und wie noch amerikanische Wertpapiere zu Geld gemacht werden sollten.

Zum Schluss sagte Emilie Stier aus, die mittlerweile nur noch unter ihrem Künstlernamen Braniczka zeichnete. Die anfängliche Liaison aus »gegenseitiger Neigung« sei dann bald zu einer fruchtbaren Geschäftsbeziehung geworden. Sie habe von Adele eine Vielzahl an Schmuck bekommen, der sicher insgesamt einige Tausend Gulden wert sei, außerdem Wertpapiere, auch einige Tausend Gulden wert. Emilie hatte Glück. Die Anklage lautete auf betrügerischen Bankrott. Und als Emilie noch Teil der Bank war, war eine Überschuldung noch nicht abzusehen. Sie hatte das Schiff rechtzeitig verlassen, bevor ein Kentern abzusehen war. Um 18:30 Uhr endet die Verhandlung.

Der nächste Tag. Josef Weber, ihr ehemaliger Kreditvermittler, später Hausmeister in der Schönfeldstraße, musste zugeben, dass schon ab und zu fein gespeist worden sei. Schlimmer allerdings war seine Aussage, dass Rosa Ehinger zu ihm gesagt hätte: »Helfen Sie uns was retten!«, als die Gerichtskommission hereingekommen sei. Er habe sich aber geweigert, Wertsachen herauszuschmuggeln, er wollte ja nicht ins Zuchthaus kommen. Da fiel fast schon unter den Tisch, dass auf seinen Namen 2.000 fl. an die Gattin des Magistratsraths Kummer geflossen waren. Betty Winter bezeugte, dass Adele sie aufgefordert hatte, 8.000 fl. für Rosa, die »arme Haut« zu retten, als die Gerichtskommission gekommen sei. Außerdem habe die Gantkommission und vor allem die begleitende Polizei relativ unverschämt gehaust, als die Bank gestürmt worden sei. Das Gerichtspersonal soll sich an Wein und Kapaunen gütlich getan haben und die Gendarmen auch aufgefordert haben, dabei gesagt haben: »Lassen Sie sich's wohl sein, es ist ja da, und ist nicht so wie bei anderen Leuten!«[146]

Ihr Privatsekretär sagte aus, dass ohne die konzertierte Abhebeaktion des Advokaten Berghofer die Spitzeder'sche Privatbank ohnehin nur noch höchstens bis August bestanden hätte. Dann wäre sie ohnehin implodiert. Der als Sachverständige hinzugezogene Direktor der Handelsschule, Reuschle, der ja auch schon Mitglied der Gerichtskommission gewesen war, erörterte mit Spitzeders Verteidiger die Frage, ob man denn ein Handelsgeschäft betreibe, wenn man »Darlehen aufnehme und im Schrank liegenlasse«[147]. Das musste auch Reuschle verneinen, zweifellos aber war die Spitzeder'sche Privatbank mehr als Geld im Schrank. Ob Reuschle vor Gericht wirklich die Aussage getätigt habe, dass »der einzige Unterschied zwischen einem Kaufmannsgeschäft und dem Spitzeder-Geschäft« darin liege, dass »ers-

teres auf solider Grundlage, letzteres aber auf Schwindel beruhe«, ist unklar.

Anna Jordan, ebenjenes Stubenmädchen, das Adele Spitzeder
beim Eintreffen der Gerichtskommission den guten Rat gab,
sich doch bewusstlos auf den Boden sinken zu lassen, gab zu
Protokoll, dass sie von Spitzeder nach der Sperrung der Bank
noch 100 fl. bekommen habe. »Es war rein zum Verrücktwer-
den!«[148], fasst Adele den Verlauf des Prozesses pointiert zusammen. Befragt nach der Beziehung zwischen Adele und Rosa
gab Anna Jordan an, dass diese eine ungewöhnlich zärtliche
gewesen sei. Sie hätten sich öffentlich gegenseitig abgeküsst
und selbst noch vor dem Schlafengehen Zärtlichkeiten unter-
einander ausgetauscht. Gericht und Publikum lauschten den
Ausführungen Anna Jordans gespannt. Sie berichtete, wie Rosa
ihr noch Obligationen in Höhe von 50.000 fl. an den Leib gebunden hatte, das Seil aber gerissen sei und Rosa die Obligationen dann in das Klavier gestopft hätte.

Napoleon Vecchioni, der Spitzeder ohnehin nicht wohlge-
sonnen, berichtete vom Bestechungsversuch, als eine Frau
Weigenthaler seine Schwester aufgesucht habe. Die Juwelierin Rottheim, die zuvor Spenden für notleidende Juden entgegengenommen hatte, bezeugte die Brillantenkäufe, der Zeuge
Gröbmeier, dass Adele Spitzeder morgens und abends Likör
trank, ein anderer Zeuge sprach von Berliner Getreideküm-
mel, und der Oberkellner aus dem Deutschen Haus, dass es
zwischen Adele und Emilie nachts auch mal lauter werden
konnte. Theophil Bösl, der Chefredakteur des *Freien Landesboten*, dessen Namens sich vor über einem Jahr ein Betrüger
bedient hatte, um Geld zu erschwindeln, stritt den Vorwurf ab,
nach Bestechungen lobhudelnd über Adele Spitzeder geschrieben zu haben.

Zu einem beträchtlichen Teil ging es darum, was Adele Spitzeder gegessen und getrunken hatte und wofür sie das Geld ausgab, das ja eigentlich nicht so richtig ihr eigenes war. Jedoch, es wurden eben auch Verschleppungen bestätigt, und es blieb der Gesamtvorwurf, dass sie eben schon lange überschuldet gewesen sei, aber dennoch weiter Darlehen angenommen und Zinsen versprochen, und außerdem auf großem Fuße gelebt habe. Zugegeben: Jeder konnte auch sehen, dass viele Bedienstete und Günstlinge sich »wie Blutegel an ihr festgesaugt hatten«.

Auch am Samstag, das ist der 19. Juli 1873, wird verhandelt. Dokumente wurden verlesen, die Anzeige des Napoleon Vecchioni bei der Polizei, Schreiben der Polizei an das Handelsgericht darüber, das Kreuz und die Brillanten in Augenschein genommen zu haben usw. Staatsanwalt Barsch plädierte auf schuldig, obwohl, wie Adele befand, »die Auffassung des Staatsanwalts manchmal überhaupt eine ganz unrichtige war«[149]. Aber sein Plädoyer war ergreifend, die Presse voll des Lobes. »Es war eine Neuauflage der Anbetung des Goldenen Kalbes, ein Märchen aus tausendundeiner Nacht«, das die Menschen so schmählich verführt hatte. Dr. Gutbrod plädierte, Rosa sei schlicht getäuscht worden, hatte ja auch gar nicht gewusst, dass Adele Spitzeder, bevor sie ihre Bank gegründet hatte, vermögenslos gewesen war, hatte die 50.000 fl. zu Recht bekommen oder durfte jedenfalls glauben, dass diese Schenkung zu Recht erfolgt sei. Eine Beteiligung an Verschleppungen sei nicht nachweisbar, sie habe natürlich Angst um ihr eigenes Vermögen gehabt und dass es mit Bankvermögen verwechselt werden könnte und deswegen aus Versehen der Gantmasse zufallen konnte. Das sei ihr auch nicht zu verdenken, und es wäre ja ganz verständlich, dass Rosa versucht habe, ihr eigenes Geld zu retten.

»Mein Verteidiger Angstwurm hingegen übersah die wichtigs-
ten Anhaltspunkte, welche notwendig meine Freisprechung
zur Folge hätten haben müssen. Seine Verteidigungsrede ge-
nügte mir gar nicht, machte auch auf die Geschworenen keinen Eindruck«[150], empörte sich Adele. Die Verhandlung dauerte
insgesamt sieben Tage, die Geschworenen kamen nach 90-mi-
nütiger Beratung zu einem »schuldig«. Die Staatsanwaltschaft
forderte für Adele vier Jahre, für Rosa ein Jahr Gefängnis. Das
Gericht entschied bei Adele auf drei Jahre, die Untersuchungshaft wurde nicht angerechnet. Rosa erhielt sechs Monate, wurde jedoch unter Anrechnung der Untersuchungshaft umge-
hend entlassen. Adeles Revision beim Obersten Gerichtshof
wurde nach vier Stunden Verhandlung zurückgewiesen, und
das Urteil wurde am 9. September 1873 rechtskräftig. Auf den
Vorwurf, sie schlecht verteidigt zu haben, entgegnete Angstwurm lapidar: »Sie waren bereits verurteilt, als Sie zum ersten
Male den Saal betraten!«[151]. Also wurde »ich, die ehrlichste Person in der sogenannten *Dachauer Bank* ohne mildernde Umstände verurteilt«[152].

Adeles Entsetzen war groß, alle anderen jedoch hatten ein solches Ergebnis erwartet. Sie war von Sinnen, alles drehte sich
um sie, beim Hinausgehen brach sie zusammen. »Ich wollte,
ein gütiger Gott hätte damals jene Ohnmacht in den Schlum-
mer des Todes verwandelt!«, schreibt sie später. Aber eines
gab ihr Kraft, sie wusste ja, dass sie nicht alleine war, dass die
Münchner Bevölkerung hinter ihr stand, dass alle erkannt hatten, dass Adele die Betrogene und nicht die Betrügerin sei.

Nach dem Urteil

Es ging zurück ins Schuldgefängnis in der Baaderstraße zu Einzelzelle und Zellenhund Daisy. Adeles Gesundheitszustand verschlechterte sich rapide, so empfand sie es jedenfalls selbst. Der hinzugerufene Professor Joseph Lindwurm, Leiter des Universitätsklinikums München und Namensgeber der Lindwurmstraße, die vom Sendlinger Tor durchs Münchner Klinikviertel führt, untersuchte sie und gab den Rat, Adele Spitzeder nicht in eine Haftverbüßungsanstalt verlegen zu lassen. So blieb sie also allein in ihrer Dreipersonenzelle mit Tisch, Bank und Gardinen. Sämtliche Gnadengesuche auf vorzeitige Entlassung wurden aber abschlägig beschieden.

Rosa aber wurde die Untersuchungshaft angerechnet, sie kam in Freiheit, die sie genoss, was Adele nicht lange verborgen blieb, wovon Rechtsanwalt Angstwurm haarklein erzählte. Ja, sie genoss ihre Freiheit sehr, wodurch die Vermutung nahelag, dass sie keinen besonderen Anteil am Schicksal ihrer Freundin Adele nahm. »Dies kränkte mich unsagbar tief, umso mehr als im Grunde genommen Rosa Ehinger doch einzig und allein die Ursache meines Unglücks gewesen war, und gerade sie hatte mir doch die größte Anhänglichkeit und Aufopferung in den Tagen meines Glückes bewiesen oder vielmehr vorgeheuchelt«[153]. Da saß Adele Spitzeder nun im Gefängnis. Verlassen, enttäuscht, mutterlos, verraten, unschuldig, ein Bauernopfer in einem für sie undurchsichtigen Spiel. Sie tobte, vier Wächter waren nötig, um sie zu bändigen, sie schlug um sich, bat um Entschuldigung, versank in Stille, ein neuer Zorn brach herein. So gingen die Tage vorüber. Medizinische Gutachten wurden eingeholt, haftfähig sei sie, aber besser keine Verlegung in eine Haftverbüßungsanstalt. Mit der Zeit wurden Wunden zu Narben und Adele, nun sicher, dass kein echtes

Gefängnis drohte und sie in ihrer Luxuszelle bleiben konnte, wurde ruhiger. Sie war Zeugin in verschiedenen Prozessen, da der Sturz der *Dachauer Bank* den Münchner Gerichten viele Jahre ausreichend Arbeit bescherte. In ihrer Zelle wurde sie auch vernommen und konnte ihre Zeugenaussagen machen, unter anderem gegen ein paar Polizeioffiziere, die beschuldigt wurden, sich am vorgefundenen Vermögen der Gantmasse bereichert zu haben. Das Verhalten der Untersuchungsrichter in diesen Prozessen ist ihr gegenüber sehr zuvorkommend, »als ob ich eine auf freiem Fuße lebende Dame sei«[154]. Sie wurde mit Fräulein angesprochen, beim Eintritt in ihre Zelle wurde der Hut abgenommen, und während ihrer ganzen Gefangenschaft musste sie niemals die Anwesenheit anderer Gefangener ertragen. Die meiste Zeit lag sie im Bett, leidend und denkend. Adele selbst nannte es Tiefsinn. Und einer der klugen Gedanken im Tiefsinn nach sechs Monaten Haft ist, ihren Verteidiger Angstwurm zu entlassen und den Advokaten Dr. Will mit einem Gnadengesuch zu beauftragen, direkt an den König, die angeschlagene Gesundheit war die Begründung. Abgelehnt. Sie musste jedoch nicht arbeiten, wenngleich ihr das vielleicht gutgetan hätte.

Adele suchte sich aber eine andere Beschäftigung. Sie fing an, mit Wasserfarben zu malen. Humoristisches, Blumen, Früchte, alles gelang natürlich recht ordentlich. Sie schaffte sich ein Lehrbuch zur Aquarellmalerei an, verlegte sich später auf Ölfarben, wieder Früchte und Blumen, und wenn es ihre Motivation zuließ, übersetzte sie Novellen aus dem Englischen und Italienischen ins Deutsche. Sie konnte sich dann auch nützlich machen, als in einem anderen Kriminalfall der Untersuchungsrichter italienische Briefe auswerten musste.

Auch Besuche waren möglich. Diese mussten bei Gericht bean-tragt werden. Häufig handelte es sich um gewesene Gläubiger der *Dachauer Bank*, und das Gericht war auch ein wenig neugie-rig, was es da denn zu besprechen gab, ja, es wollte wissen, ob die Besucher denn die Hoffnung hätten, noch Geld zu bekom-men. Protokolle über diese Besuche gibt es allerdings nicht.

Die Gantkommission versuchte während der gesamten Haft-zeit möglichst viel Vermögen aus der Hinterlassenschaft der Spitzeder'schen Privatbank zu erzielen. Hierzu gehörte der Versuch, sämtliche Geschenke zurückzufordern, die Adele ge-macht hatte. Den häufigsten Besuch bei Adele Spitzeder mach-te demzufolge auch die Gantkommission. Adeles zur Schau gestelltes Leiden trieb die Gantkommission in den Wahnsinn, denn länger als ein paar Minuten konnte kein Gespräch, keine Vernehmung dauern. Dies war nicht nur für die Gantkommis-sion ärgerlich, sondern vor allem für alle Gläubiger, die noch erhofften, aus dem kläglichen Rest einen Teil ihres Geldes wiederzubekommen, denn die Verteilung konnte erst starten, wenn das Gantvermögen vollständig war – inklusive der ange-fochtenen Geschenke. Adele hatte keine besondere Eile bei der Hilfe. Am Ende übrigens bekamen die Gläubiger im Schnitt immerhin ca. 15 Prozent ihres Geldes wieder; im Vergleich zu heutigen Insolvenzfällen eine traumhafte Quote, aber eine nie-derschmetternde Botschaft, wenn man das gesamte Vermögen verloren hatte. Diese Anfechtungsprozesse trafen nun auch Rosa Ehinger, die die geschenkten 50.000 fl. zurückzahlen musste, obwohl sie sich vor Gericht heftigst dagegen wehrte. Dieses Geld sei ja eher eine Art Schadensersatz gewesen, weil ihr Ruf unter den Gerüchten der Homophilie so gelitten habe. Das Gericht folgte dieser Argumentation nicht, und mit dem ausgelassenen Leben war es wieder vorbei.

Im Laufe dieser Prozesse geriet Adele noch einmal in Schwierigkeiten, denn es kam heraus, dass Gröbmaier, ihr ehemaliger Bediensteter, der bei den lustigen Trinkabenden den Wein
servierte, kurz vor der Sperrung der Bank 80.000 fl. in Form
von Wechseln bei einer anderen Bank einlöste. Diese andere
Bank blieb auf den nun wertlos gewordenen Spitzeder-Wech-
seln sitzen, aber Gröbmaier hatte das Geld. Und hier witterte
die Gantkommission, ob das nicht im Auftrag Adele Spitzeders
geschehen sein konnte, die nun also irgendwo 80.000 fl. haben müsse. Die Staatsanwaltschaft verfolgte diesen Verdacht
gegen Adele Spitzeder aber nicht weiter. Gegen Gröbmaier
selbst wurde nun wegen Diebstahls der Wechsel ermittelt,
Adele Spitzeder stellte Strafanzeige.

Baaderstraße Ecke Kohlstraße, ehemaliger Standort des Gefängnisses

Nachdem sie drei Viertel der Haft verbüßt hatte, stellte sie ein letztes Gnadengesuch, dass der Rest der Haftzeit zur Bewährung unter Polizeiaufsicht ausgesetzt werden sollte. Auch dieses wurde abgelehnt. Und nach drei Jahren Haft und beinahe zehn Monaten Untersuchungshaft durfte Adele Spitzeder im Frühherbst des Jahres 1876 das Gefängnis in der Baaderstraße verlassen. Sie war 44 Jahre, vor der Zeit gealtert, zerstört, halbseitig gelähmt und musste die Treppen heruntergetragen werden zu einem unten wartenden Fiaker.

Wildbad und Scheitern

Der Abschied aus dem Gefängnis geschah unter Tränen. Und mit Tränen, so sagt Adele Spitzeder selbst, sei sie vor dem Gefängnis empfangen worden. Kein einziges Wort des Vorwurfs, kein einziges Wort der Klage habe sie gehört. Sie wurde mit reiner, ungeheuchelter Freude über das Wiedersehen empfangen. In Wahrheit war sie aber beinahe allein. Von Rosa hatte sie schon lange nichts mehr gehört, und diese hatte auch gar kein Interesse mehr an Adele in ihrem jämmerlichen Zustand. Die große Schar der Schmarotzer, die von ihr gelebt hatten und nach dem Zusammenbruch der *Dachauer Bank* reicher waren als zuvor, hatte sich nicht um sie gekümmert. Die journalistischen Auftragsarbeiter ihrer Zeitungen hatten gegen sie gewütet und Geld und Auflage durch Enthüllungsgeschichten gemacht. Hilfe jedoch kam von unerwarteter Seite. Ehemalige Gläubiger, die zunächst viel Geld verdient und dann viel Geld verloren hatten. Im Haus einer Landrichterwitwe in der Residenzstraße fand sie zunächst Unterschlupf. Als Pflegerin diente ein bemühtes Mädchen namens Marie Ridmayer. Und auch wenn mehr als 30.000 Menschen wegen ihr bankrott waren, ein paar treue Anhän-

ger hatte sie dennoch. Sie bekam wieder Geld, es wurde ihr
mal wieder förmlich aufgedrängt. Dr. Martius verschrieb ihr
einen Kuraufenthalt in Wildbad im Schwarzwald, einem der
bekanntesten Kurorte des 19. Jahrhunderts, und ihre ehemaligen Gläubiger finanzierten ihr diesen Aufenthalt. Sie reiste unter dem Decknamen Theodora Vio an, aber bald gab
sie sich zu erkennen, wurde auch erkannt und genoss den
Ruhm. Der *Schwäbische Merkur*, die führende Tageszeitung
Württembergs, berichtet über ihren Besuch. Sie versucht sich
am Pianino an eigenen Kompositionen und bleibt insgesamt
zehn Monate in Wildbad. Das Gefühl kam in den gelähmten
Fuß zurück, bald packte sie wieder die Lust, auf der Bühne zu
stehen. Der Aufenthalt wird von Spendern finanziert, die ihr
Darlehen geben. Sie unterschreibt hierfür aus Gewohnheit
Schuldscheine. Sie traf sich mit dem Intendanten des Altonaer Tivolitheaters, der ihr ein Gastspiel in Aussicht stellte.
Und tatsächlich fuhr sie nach Altona, ging ans Theater und
deklamierte, aber die Zeitungen verrissen die Aufführung.
Der *Altonaer Generalanzeiger* ließ kleine Pfeifen herstellen,
nannte sie Spitzeder-Pfeiferln und verkaufte diese für die
nächste Aufführung. Dem wollte sie sich nicht aussetzen
und weigerte sich, ein weiteres Mal auf die Altonaer Bühne
zu steigen. Der Intendant war nicht erfreut, er hatte mit der
Ankündigung, dass die reichsweit bekannte Betrügerin zu
sehen ist, beträchtliche Vorkasse gemacht und musste nun
zurückerstatten. Von Hamburg ging es weiter nach Berlin,
ein Engagement am Deutschen Reichstheater stand in Aussicht. Ganz Berlin wartete mit Spannung auf die bekannte
Betrügerin. Doch schon bald nach ihrer Ankunft wurde sie
von der Polizei aufgesucht. Ein Auftritt in Berlin sei ausgeschlossen, und bis zur Abreise, die noch am selben Abend
erfolgen musste, begleitete sie ein Zivilbeamter. Nun ging es
über Frankfurt zurück nach München. Im Deutschen Reich

schien die Schauspielkarriere der Adele Spitzeder unrettbar verloren. Blieb noch Österreich-Ungarn. Also nahm sie Kontakt nach Wien auf, es kam auch beinahe ein Engagement zustande, aber dem Theaterdirektor Kemeny wurde acht Tage vor dem ersten Auftritt jeder Kontakt mit Adele Spitzeder aus München behördlich untersagt. Kein Theater mehr für Adele Spitzeder. Sie sah es selbst ein und verlegte sich auf die Musik. Es folgten Auftritte in Bänkelwirtschaften. Nach einer Aufführung im Café Aurora, das Eintritt verlangte, wurde sie bei der Polizei vorgeladen. Sie solle daran denken, dass sie noch Gläubiger habe, die Geld von ihr bekämen.

Leben als Adele Vio

Von nun an trat sie unter dem Namen Adele Vio auf. Sie komponierte und sang ihre eigenen Lieder, von denen jedoch keine mehr erhalten sind. Hiervon war ein bescheidenes Auskommen möglich, aber eben nur ein bescheidenes. Ein wenig mehr Geld war in Aussicht, als sie im Jahr 1878 ihre Memoiren veröffentlichte, die sie im Gefängnis geschrieben hatte und die nun für 5 Mark erhältlich waren. In den folgenden Jahren wuchs ihr Selbstvertrauen wieder. Sie begann erneut ein kleines Darlehensgeschäft, die Masche war ähnlich. Anderes fiel ihr wohl schlicht nicht mehr ein, aber sie hatte vermeintlich gelernt. Auf den Schuldscheinen stand ausdrücklich vermerkt: »Der Gläubiger weiß, daß Fräulein Adele Spitzeder keinerlei Sicherheit zu geben hat, und ist gewillt, auf jede spätere Rückzahlung zu verzichten, so ihr dieselbe Schwierigkeiten machen oder unmöglich sein sollte.«[155]

Das Zutrauen mancher Leute in ihre Fähigkeiten war absurd hoch. Die Polizei hatte davon erfahren und suchte sie im

Februar 1880 in der Rumfordstraße, wo sie nun Unterschlupf gefunden hatte, auf. Langsam, ganz langsam, begann das Geldgeschäft der Adele Spitzeder wieder eine Konkurrenz für Sparkassen und Banken zu werden. Da trat die Polizei auf den Plan. Und genau in dem Moment, als die Polizei da war, kam auch eine Frau, um die Zinsen für ihr Kapital, das sie der Spitzeder anvertraut hatte, immerhin 500 Mark, abzuholen. Als die Polizei der Frau eröffnete, dass keine Mittel da seien, um den Zins zu zahlen, gab die Frau zur Antwort, dass sie dann eben noch warte und in der Zwischenzeit noch den Rest ihres Vermögens, weitere 100 Mark, bei Adele Spitzeder anlege. Und in der Tat legte sie 100 Mark auf den Tisch, wurde aber von den Beamten gezwungen, diese wieder mitzunehmen. Im Februar 1880 sollen sich die bei Adele Spitzeder angelegten Gelder auf mehrere Hunderttausend Mark belaufen haben. Am 13. Februar 1880 wurde sie wieder verhaftet, gemeinsam mit ihrer neuen »Gesellschafterin« Marie Riedmayer, die sie nach ihrer Haftentlassung gepflegt hatte und mit ihr in Wildbad gewesen war. Die Ermittlungen waren schnell abgeschlossen. Die Staatsanwaltschaft befand, dass alle, die nun dumm genug waren, ihr Geld wieder Adele Spitzeder anzuvertrauen, keinen staatlichen Schutz genössen. Sie war frei, aber die Polizei auch zu lästig und die mediale Überwachung ebenfalls. Also drängte es sie auf die Bühne zurück. Ihr Name weckte natürlich Neugier, wenn sie auch unter Adele Vio auftrat, wusste doch jeder, wer sie tatsächlich war.

Und da traf sie Rosa wieder, mitten auf der Straße, zufällig. Rosa hatte inzwischen geheiratet, war keine Ehinger mehr. Adele war empört, spuckte aus, wollte ihr die ganze Verachtung einer verratenen Freundin ins Gesicht schreien. Die ehemalige Ehinger aber lachte und ließ sie stehen. Eine weitere Demütigung.

Geldmittel bekam sie noch von mitleidigen Gläubigern, auch die 50 fl. pro Monat, die ihre Mutter ausgesetzt hatte, blieben ihr. Sie schwankte zwischen Auftritten auf kleinen Bühnen und Schuldenmachen, schlug sich mehr schlecht als recht durch das Leben, kleinere Betrügereien und Schwindeleien brachten sie immer mal wieder auf die Anklagebank und ins Gefängnis. Der Abstieg war vollkommen.

In der Nacht des 27. Oktober 1895 verstarb sie im Alter von 63 Jahren, alleine, ohne Freunde, als Todesursache wurde Herzversagen festgestellt. Sie hinterließ ihre Memoiren, mehrere Zehntausend bankrotte Haushalte und ein paar wertlose Kleider. Ein eitler, lügnerischer und vielbelogener Mensch.

**Grab, Adele Spitzeder
wurde anonym bestattet;
Alter Südlicher Friedhof,
Gräberfeld 18, 14, 26**

Nachwort

Das System der Geldgeschäfte der Adele Spitzeder war denkbar einfach. Die Zinsen wurden von der Einlage selbst bezahlt, und die Auszahlungen von den Einlagen der nachfolgenden Einzahler. Solange es einen Nachschub an Geld gibt, ist dieses System sicher und lukrativ. Denn wer zuerst dabei ist und früh genug aussteigt, kann beträchtliche Gewinne machen. Das Nachsehen haben diejenigen, die investieren, wenn das System zusammenbricht, also nicht mehr genug Nachschub kommt. Diese Systeme, die einen laufenden Nachschub an Geld benötigen, um zu funktionieren, heißen Schneeballsysteme. Jedes Schneeballsystem hat ein systemimmanentes Ende, denn irgendwann versiegt der Nachschub an Teilnehmern und die Zins- oder Auszahlungsansprüche können nicht mehr befriedigt werden. Und wie es bei enormen Gewinnversprechen so ist: Über die Vernunft, die sich eigentlich leise meldet, siegt die Gier. Und am Ende ist das Geld weg, wenn man nicht zu den ersten Anlegern gehörte, sich ausbezahlen ließ und das Weite suchte. Hier mitzumachen, ist quasi eine Wette auf die Zeit. Zu früh ist riskant, da ja nicht klar ist, ob überhaupt genügend Mitzahler einsteigen. Zu spät ist riskant, denn irgendwann muss es zusammenbrechen.

Charles Ponzi

In den 1920er-Jahren kam ein italienischer Einwanderer in den USA zu Weltbekanntheit, die heute noch nachwirkt und dessen Name in Kennerkreisen mit Schneeballsystemen sofort verbunden wird: Charles Ponzi.

Im Jahr 1920 gründete Ponzi die Securities Exchange Company, die Geld von Kunden in Wertpapiere investierte. Das Renditeversprechen war enorm: 50 Prozent in 45 Tagen oder eine Verdopplung in 90 Tagen. Die Laufzeit konnten sich die Kunden aussuchen. Die Leute kamen in Scharen, die Auszahlung der Zinsen war problemlos möglich, denn es gab laufend Nachschub an neuen Kunden und deren Einlagen. Und weil Ponzi immer sofort auszahlte, schwand das Misstrauen, die Auszahlungen wurden sofort reinvestiert, Ponzi wurde aus dem Nichts reich. In Wertpapiere investierte er schon lange nicht mehr, einen tatsächlichen wirtschaftlichen Gegenwert gab es natürlich nicht. Und wie es kommen musste, brach das System irgendwann zusammen. Ein Großteil des Geldes war weg, Ponzi kam ins Gefängnis, und man gab dieser speziellen Art[156] des Schneeballsystems den Namen Ponzi-System.

Diese wundersame Art der Geldvermehrung war aber nicht totzukriegen, und im Jahr 2008 erschütterte der Betrugsskandal um Bernard L. Madoff die internationalen Finanzmärkte. Er eröffnete einen Hedgefonds. Die Investoren investierten. Die Dividenden wurden aber gar nicht von den Gewinnen bezahlt (für diese hätte der Fonds ja operativ tätig sein müssen), sondern von den Einlagen selbst. Und weil Madoff eher bescheidene Dividenden, diese dafür aber sehr zuverlässig, zahlte, hielt sich das Modell 15 Jahre.

Von Charles Ponzi bis in die Gegenwart wurden zahlreiche Varianten des Schneeballsystems geschaffen und sind implodiert. Und die zweifelhafte Ehre, die Charles Ponzi als erster namentlich bekannter Urheber eines Schneeballsystems zuteil wurde, traf doch eigentlich den Falschen. Denn die Adele Spitzeder, bankrotte Schauspielerin, hatte eine meisterhafte Art des Schneeballsystems erfunden und mit der Gier der Leute gespielt. Nachdem alles zusammengebrochen war, konnte sich niemand so recht erklären, wie das Geldhaus Spitzeder diese Ausmaße annehmen konnte; ein Zeitungsimperium, Bestechungen, der Bankrott der Sparkassen, Arbeitermangel, eine unheimliche Verehrung, auch nachdem alles zusammengebrochen war. Gier auf allen Seiten.

Die Ursachen

München war aufstrebend. Es gab Arbeiter, die ein regelmäßiges, aber kleines Einkommen hatten. Die sahen, welcher Reichtum ins Land gebracht wurde, durch Maschinen, die Eisenbahn, Fabriken. Sie sahen, dass Bürgerliche auf einmal reich werden konnten, dass Reichtum kein Privileg des Adels mehr war. Das weckte Hoffnung. Arbeiter, Dienstboten, Knechte, Mägde, gingen an den Auslagen der Residenzstadt vorbei, sahen die neugebaute Pferdebahn, wo um absurd hohe Summen gewettet wurde. Dieser Aufschwung musste doch alle mitnehmen. Alles schien möglich. Wieso nicht eine solche Verzinsung, die auch ihnen, den Arbeitern, den Anteil am Aufschwung gibt? Wieso nicht eine Verzinsung von 120 Prozent im Jahr? Von einem Schuster wird berichtet, dem nach dem Zusammenbruch der *Dachauer Bank* Vorhaltungen über seine Leichtgläubigkeit gemacht wurden: Er habe gesagt: »I hab mir denkt, wenn die

Preißn jetz auf einmal in Berlin an Kaiser ham, warum [kann] dann net München eine Adele Spitzeder ham?«

Adele Spitzeder war Betrügerin und Betrogene in einem Spiel, über das sie irgendwann die Kontrolle verlor. Manches Rad wird zu groß, um es aufzuhalten, und es muss gegen eine Mauer krachen und zerbersten. Das ist passiert.

Ihr Tod war den Zeitungen nur eine kurze Notiz wert. Sie ist anonym auf dem Alten Südlichen Friedhof in München bestattet.

Literaturverzeichnis

Engels, Friedrich: Beer Riots in Bavaria, in: Northern Star, Nr. 341, 25. Mai 1844.

Hoser, Paul: Das Bayerische Vaterland, publiziert am 03.07.2006; in: Historisches Lexikon Bayerns, URL: <http://www.historisches-lexikon-bayerns.de/Lexikon/Das Bayerische Vaterland> (13.09.2017).

Hoser, Paul: Volksbote für den Bürger und Landmann, publiziert am 16.10.2012, in: Historisches Lexikon Bayerns, URL: <http://www.historisches-lexikon-bayerns.de/Lexikon/Volksbote_für_den_Bürger_und_Landmann> (13.09.2017).

Kisch, Wilhelm: Die alten Strassen und Plaetze Wien's und ihre interessantesten Häuser, Wien 1883.

Morin, Friedrich: Neuester Wegweiser durch München und seine Umgebungen, Revidiert von Th. Trautwein, 8. Auflage, München 1871.

Peter, Peter: Kulturgeschichte der deutschen Küche, München 2008.

Schumann, Dirk: Der Fall Adele Spitzeder 1872. Eine Studie zur Mentalität der »kleinen Leute« in der Gründerzeit, in: ZBLG 58 (1995), S. 991–1026.

Schweiggert, Alfons: Ludwig II. und die Frauen, München 2016.

Spitzeder, Adele: Geschichte meines Lebens, München 1996.

Strohmeyr, Armin: Geheimnisvolle Frauen: Rebellinnen, Mätressen, Hochstaplerinnen, München 2014.

Abbildungsverzeichnis

Endnoten

1   Im Gegensatz zur sog. großdeutschen Lösung unter Einschlie-
ßung Österreichs.

2   Dieser wird auch deutsch-österreichischer Krieg genannt.
Richtiger wäre preußisch-österreichischer Krieg oder schlicht
Deutscher Krieg, denn begrifflich umfasste »deutsch« auch
Österreich, und neben Bayern waren zahlreiche deutsche Länder
auf Seiten Österreichs.

3   Wie milde das war, ist daran ersichtlich, dass allein die Stadt
Frankfurt am Main ebenfalls 30 Millionen Gulden zahlen musste.
Der Betrag entspricht heute, 2017, ca. 384 Millionen Euro, nach:
https://www.oenb.at/docroot/inflationscockpit/waehrungsrech-
ner.html.

4   Nicht Reichsmark; diese wurde erst 1924 eingeführt.

5   Vgl. auch die ungarische Währung Forint.

6   Zahlen gerundet, nach: Morin, S. VIII–IX.

7   Spitzeder, S. 181.

8   Spitzeder, S. 182.

9   Bestehend aus: Bezirksgerichtsrat Scharrer, Untersuchungsrichter
Radlkofer, Polizeiassessor Pfister, Gerichtsvollzieher Schneider,
Vorstand der Handelsschule Reuschle, Protokollführer Blab und
einem Polizeibeamten.

10   Heute: eidesstattliche Versicherung.

11   Spitzeder, S. 185.

12   Spitzeder, S. 185.

13   Spitzeder, S. 186.

14   Ebd.

15 Ausweislich des Polizeianzeigers fand die Eheschließung zwischen Lehfeld und Auguste Vio erst im Juli 1841 statt. Möglich also, dass erst in diesem Jahr der Umzug nach Wien stattfand.

16 Zum Vergleich: Die Volkszählung in Berlin am 3. Dezember 1840 ermittelte 330.000 Einwohner, München hatte zur gleichen Zeit 82.000 Einwohner.

17 »Carl Carl« hieß eigentlich »Karl Andreas von Bernbrunn«.

18 Heute Praterstraße.

19 Heute Teil des 13. Wiener Gemeindebezirks Hietzing, im Südwesten der Stadt.

20 Spitzeder, S. 16.

21 Spitzeder, S. 16.

22 alle Zitate aus Kisch, S. 506 ff.

23 Spitzeder, S. 17.

24 Spitzeder, S. 19.

25 Spitzeder, S. 19.

26 Spitzeder, S. 18.

27 Spitzeder, S. 19.

28 Hat das Volk erst einmal gemerkt, dass es die Regierung in Steuersachen einschüchtern kann, wird es bald merken, dass es die Regierung auch bei wichtigen Angelegenheiten einschüchtern kann (Übers. d. Verf.), nach: Engels, Friedrich: Beer Riots in Bavaria, in: Northern Star, Nr. 341, 25. Mai 1844.

29 Klavier, das je nach Tastenanschlag leise (piano) oder laut (forte) gespielt werden konnte.

30 Spitzeder, S. 24.

31 Felix Dahn, der seinerzeit sehr populäre Schriftsteller, war ein Sohn von Friedrich und Constanze Dahn.

32 Spitzeder, S. 25

33 Spitzeder, S. 29.

34 Ebd.

35 Spitzeder, S. 30.

36 Der Name »Budapest« entstand erst 1873 durch die Zusammen-
legung von Pest, Buda, und Obuda.

37 Spitzeder, S. 30.

38 Spitzeder, S. 32.

39 Spitzeder, S. 34.

40 Spitzeder, S. 57.

41 Ebd.

42 Spitzeder, S. 35.

43 Spitzeder, S. 36.

44 Spitzeder, S. 37.

45 Schumann, S. 992.

46 Morin, S. IX.

47 Heute Gärtnerplatztheater.

48 Spitzeder, S. 40.

49 Spitzeder, S. 40.

50 Spitzeder, S. 41.

51 Spitzeder, S. 42

52 Dienstleute erledigten Aufträge gegen Geld. Botentätigkeiten,
Koffertragen usw.

53 Spitzeder, S. 44.

54 Soweit bekannt, hat Adele Spitzeder die Wechselsteuer immer
bezahlt.

55 Später wurde daraus der Vorgänger der Süddeutschen Zeitung,
die ihren Lokalteil die Tradition bewahrend Münchner Neueste
Nachrichten nannte.

56 Spitzeder, S. 48.

57 Spitzeder, S. 49.

58 Städtischer Verwaltungsbeamter.

59 Spitzeder, S. 49.

60 Nach ihren Angaben 200, es dürften aber mehr gewesen sein.

61 Spitzeder, S. 43.

62 Ihre Freundin Emilie.

63 Spitzeder, S. 54.

64 Entspricht dem heutigen Finanzamt.

65 Spitzeder, S. 53.

66 Strohmeyr, S. 144.

67 Spitzeder, S. 54.

68 Spitzeder, S. 51.

69 Spitzeder, S. 51.

70 Spitzeder, S. 52.

71 Spitzeder, S. 58.

72 Der Volksbote für den Bürger und Landmann.

73 Hoser, Volksbote für den Bürger und Landmann.

74 Spitzeder, S. 80.

75 Hoser, Das Bayerische Vaterland.

76 Strohmeyr, S. 144. Wegen ihrer dezidiert prokatholischen Haltung wurde die Augsburger Postzeitung 1935 verboten.

77 Spitzeder, S. 52.

78 Spitzeder, S. 52.

79 Spitzeder, S. 59.

80 Spitzeder, S. 60.

81 Spitzeder, S. 61.

82 Spitzeder, S. 61.

83 Spitzeder, S. 65.

84 Spitzeder, S. 66 f.

85 Spitzeder, S. 71.

86 Spitzeder, S. 69.

87 Spitzeder, S. 175.

88 Es kann aber nur dreimal gewesen sein, nämlich 1869, 1870 und 1871.

89 Spitzeder, S. 176.

90 Spitzeder, S. 81.

91 Ebd.

92 Spitzeder, S. 83.

93 Spitzeder, S. 176; mit »Inzersdorf« ist »Indersdorf« gemeint.

94 Spitzeder, S. 78.

95 Spitzeder, S. 79.

96 Ebd.

97 Ebd.

98 Spitzeder, S. 54.

99 Ebd.

100 Strohmayr, S. 141.

101 Spitzeder, S. 56.

102 Peter, S. 148.

103 Spitzeder, S. 177.

104 Spitzeder, S. 180.

105 Spitzeder, S. 155.

106 Spitzeder, S. 159.

107 Villa Siedhoff.

108 Spitzeder, S. 162.

109 Spitzeder, S. 167.

110 Spitzeder, S. 170.

111 Spitzeder, S. 79.

112 Spitzeder, S. 80.

113 Spitzeder, S. 84.

114 Spitzeder, S. 85.

115 Spitzeder, S. 87.

116 Spitzeder, S. 92.

117 Adele Spitzeder selbst schreibt fälschlich »von Burgdorf«.

118 Spitzeder, S. 93.

119 Beide Zitate nach: Strohmeyr, S. 145 f.

120 Ebd.

121 Spitzeder, S. 95.

122 Spitzeder, S. 73

123 Spitzeder, S. 101.

124 Ebd.

125 Bekanntmachung im Münchner Amtsblatt Nr. 88 vom
     10. November 1972.

126 Spitzeder, S. 103.

127 Zitiert nach: Strohmeyr, a.a.O.

128 Ebd.

129 Zitiert nach: Schweiggert, S. 204.

130 Spitzeder, S. 195.

131 Entspricht dem Insolvenzverwalter.

132 Spitzeder, S. 196 f.

133 Gemeint sind Vermögensverschiebungen, nicht Insolvenz-
     verschleppung.

134 Spitzeder, S. 200.

135 Spitzeder, S. 229.

136 Diese wurden im Deutschen Reich erst 1924 abgeschafft und
     durch Schöffengerichte ersetzt.

137 So der Präsident.

138 Spitzeder, S. 229

139 Ebd.

140 Ebd.

141 Spitzeder, S. 234.

142 Ebd.

143 Ebd.

144 Ebd.

145 Spitzeder, S. 237.

146 Allgemeine Zeitung vom 18.07.1873.

147 Spitzeder, S. 239.

148 Spitzeder, S. 243.

149 Spitzeder, S. 251.

150 Spitzeder, S. 252.

151 Spitzeder, S. 252.

152 Spitzeder, S. 253.

153 Spitzeder, S. 258.

154 Spitzeder, S. 259.

155 Ebd.

156 Während bei Schneeballsystemen auf allen Ebenen des Systems Kunden angeworben werden können, kann beim Ponzi-System nur der System-Urheber Kunden anwerben. Das Ponzi-System lebt daher vom Vertrauen in den Urheber des Systems, die genaue Quelle der Geldvermehrung tritt in den Hintergrund.

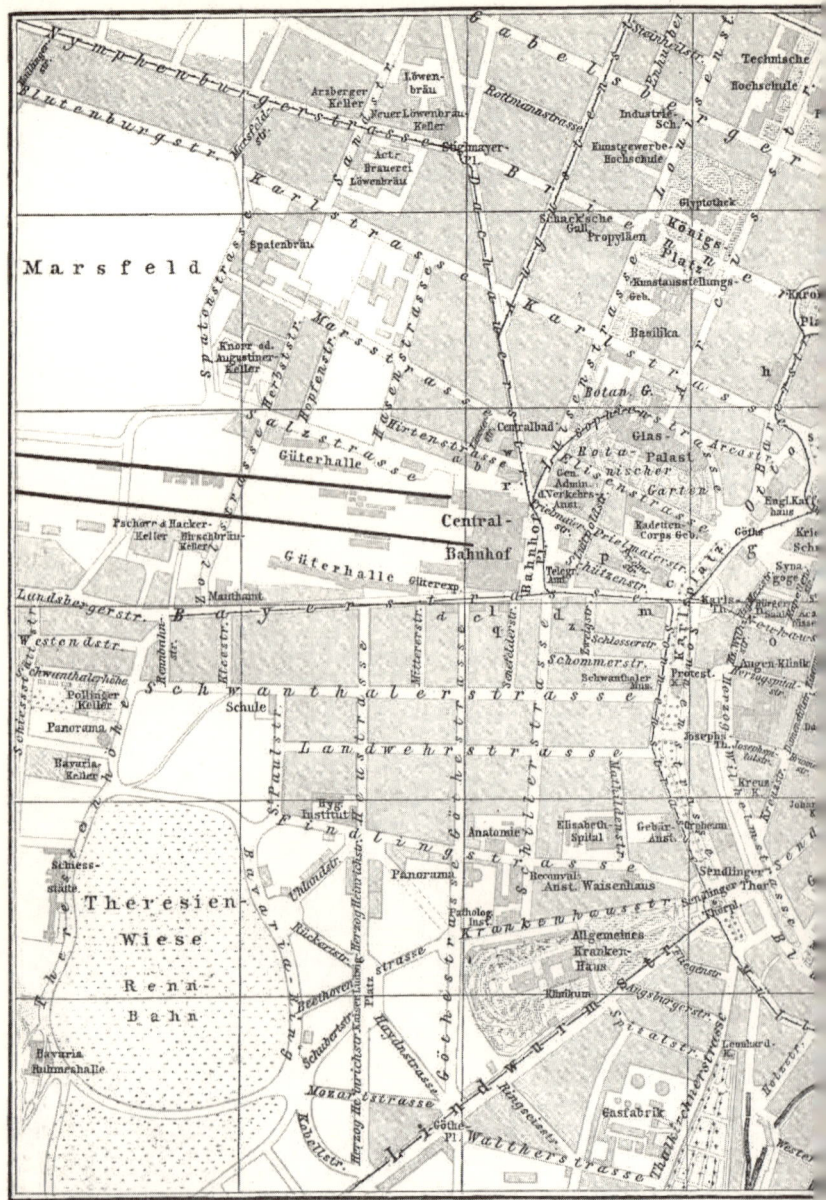

Stadtplan München 1890
1 Spitzeder'sche Privatbank
2 Hotel Deutsches Haus
3 Gerichtsgebäude
4 Schuldgefängnis

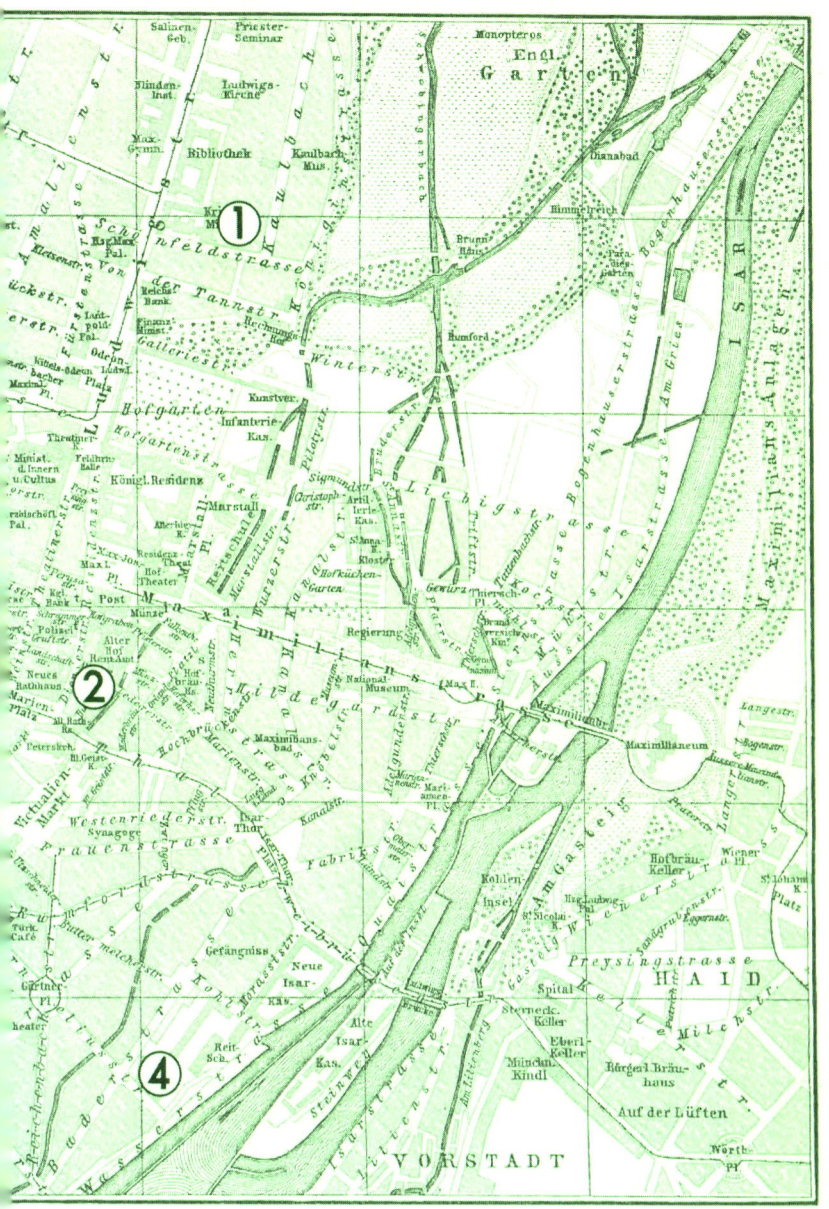

Der reichste Mann der Weltgeschichte

Greg Steinmetz

Jakob Fugger ist der reichste Mann, der (nicht nur in Mythe
jemals gelebt hat. 1459 als Enkel eines Bauern geboren, häufte
ein unvorstellbares Vermögen an, das selbst den legendären J.
Rockefeller oder heutige Superreiche wie Bill Gates in den Sch:
ten stellt.

In einer Zeit, in der die Macht von Königen schier unbegrenzt w:
legte Jakob Fugger den Grundstein für seinen unglaubliche
Reichtum. Innovative Ideen, Verhandlungsgeschick und vor alle
Nervenstärke zeichneten den Bankier aus, der dem Papst d:
Erlaubnis für Zinsgeschäfte abrang. Greg Steinmetz zeigt Jak:
Fugger, wie man ihn noch nie gesehen hat.

312 Seiten | Hardcover | 26,99 € (D) | ISBN 978-3-89879-961-4

W. Bernard Carlson

Nikola Teslas Forschungen revolutionierten das Verständnis von
Elektrizität. Seine Erfindungen setzten völlig neue Maßstäbe für
die weltweite Energieversorgung und ermöglichten erst das
moderne Leben, wie wir es heute kennen.

W. Bernard Carlson blickt mit seiner mehrfach ausgezeichneten
Biografie tief in die Psyche des Genies: Eindrucksvoll zeigt er, wie
nah Genie und Exzentrik beieinanderliegen und was das Ausnah-
metalent antrieb. Zusätzlich fließen Hunderte Originalquellen ein,
die zeigen, wie es Tesla möglich war, Innovationen wie am Fließ-
band zu produzieren, und welche Business-Strategien auch heute
noch gültig sind.

688 Seiten | Hardcover | 26,99 € (D) | ISBN 978-3-95972-007-6

Das Ende der Alchemie

Mervyn King

Während Alchemisten ihrem Ziel, wertlose Materialien in Gold zu verwandeln, bislang nicht näher gekommen sind, können moderne Banken eine bessere Erfolgsbilanz aufweisen: Gold können sie zwar nicht erschaffen, dafür jedoch neues Geld – und das aus dem Nichts.

In »Das Ende der Alchemie« fordert der Autor zu einer Umkehr auf. Statt Banken mit der Möglichkeit zu adeln, neues Geld zu schaffen, müssen endlich wirksame Regularien des Bankensektors in Kraft gesetzt werden. Damit sich eine Krise dieser historischen Dimension nicht wiederholt und die weltweite Wirtschaft sich nachhaltig erholt, braucht es kreative Ideen, die Mervyn King in diesem einmaligen Buch liefert.

416 Seiten | Hardcover | 26,99 € (D) | ISBN 978-3-95972-021-2

Die großen Crashs 1929 und 2008

Barry Eichengreen

Die Ursachen der beiden größten ökonomischen Katastrophen in den letzten 100 Jahren – die Weltwirtschaftskrise in den 1930er-Jahren und die Finanzkrise seit 2008 – gleichen einander wie ein Ei dem anderen. Beide entstanden infolge eines krassen Kreditbooms, dubioser Bankpraktiken sowie eines fragilen Finanzsystems. Und doch beriefen sich die Entscheidungsträger auf die falschen Lektionen, sodass die Krise nach mehr als sechs Jahren noch immer nicht ausgestanden ist.

Barry Eichengreens *Die großen Crashs 1929 und 2008* ist DAS neue Hauptwerk der Wirtschaftsgeschichte und zeigt auf, welche Schlussfolgerungen aus der Geschichte der Großen Depressionen gezogen werden müssen, ehe dieselben Fehler in der nächsten Krise erneut gemacht werden.

608 Seiten | Hardcover | 34,99 € (D) | ISBN 978-3-95972-068-7

Des Teufels Banker

Bradley Birkenfeld

Schweizer Nummernkonten und Offshore-Vehikel – Bradley Birkenfeld war Meister im Spiel um Millionen, die er für vermögende
Kunden in den Untiefen des Schweizer Bankensystems versteckte.
Für die Schweizer Großbank UBS jettete er um die Welt, traf sich
mit den Schönen und Reichen und half, deren Vermögen vor den
Steuerbehörden oder den Ehe- und Geschäftspartnern zu verbergen. Ein Leben wie in einem James-Bond-Film, mit schnellen
Autos, attraktiven Frauen und mehr Geld, als man in einem Leben
ausgeben kann.

In »Des Teufels Banker« erzählt Bradley Birkenfeld erstmals die
wahre Geschichte und gibt einen einmaligen und gleichsam
schockierenden Einblick in eine Welt, in der Diskretion alles
bedeutet.

352 Seiten | Hardcover | 24,99 € (D) | ISBN 978-3-95972-077-9

Florian Homm

Sein Ruf ist legendär. Sein Leben ein Abenteuer. Seine Häscher gnadenlos. Florian Homm. Ein Zweimeterhüne. Ein Plattmacher. Ein skrupelloser Hedgefonds-Manager. Die Fratze des neuen Turbo-Kapitalismus. Einer, der mit gerade einmal 26 Jahren für südamerikanische Regierungen und Vermögende Millionen bewegte. Einer, der kaltherzig Unternehmen filetierte und die besten Stücke weiterverkaufte. Einer, der etliche Villen, zwei Flugzeuge und mehrere Hundert Millionen Dollar Vermögen besaß und trotzdem eines nicht hatte: genug – stattdessen ständig getrieben nach immer mehr.

Die Geschichte eines genialen Finanzjongleurs, eines Gesuchten, eines Gejagten, des berüchtigtsten Enfant terrible der europäischen Finanzwelt. Dies ist seine Geschichte.

368 Seiten | Hardcover | 19,99 € (D) | ISBN 978-3-89879-788-7